U0135878

 寰宇智慧投資 248

華爾街傳奇：
我的生存之道

Wall Street: The Other Las Vegas

Nicolas Darvas / 著　　魯樂中 / 譯

寰宇出版股份有限公司

Wall Street: The Other Las Vegas/Nicolas Darvas

Published by Kensington Publishing Corp.

All rights reserved. No part of this book may be reproduced in any form or by any means, without the prior written consent of the publisher.

Copyright © 1964 Nicolas Darvas

華爾街傳奇：我的生存之道

目　錄

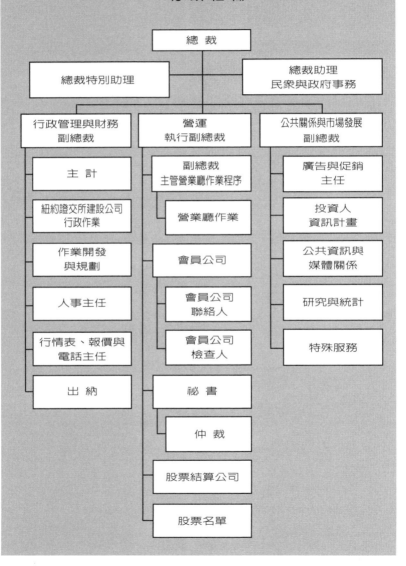

紐約證券交易所（New York Stock Exchange）
行 政 組 織

| | 總 裁 | |

總裁特別助理

總裁助理
民眾與政府事務

行政管理與財務
副總裁

營運
執行副總裁

公共關係與市場發展
副總裁

主 計

副總裁
主管營業廳作業程序

廣告與促銷
主任

紐約證交所建設公司
行政作業

營業廳作業

投資人
資訊計畫

作業開發
與規劃

會員公司

公共資訊與
媒體關係

人事主任

會員公司
聯絡人

研究與統計

行情表、報價與
電話主任

會員公司
檢查人

特殊服務

出 納

祕 書

仲 裁

股票結算公司

股票名單

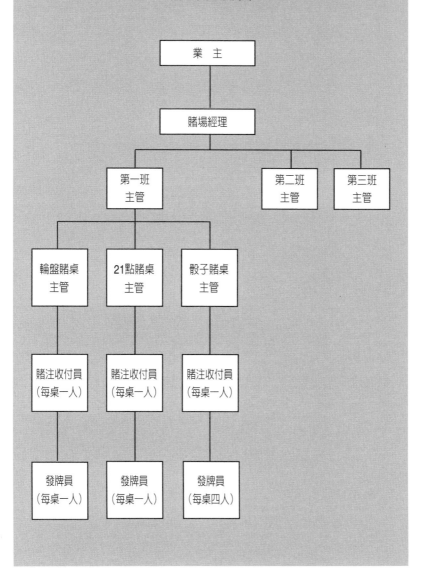

賭 場 組 織 圖

業 主

賭場經理

第一班
主管

第二班
主管

第三班
主管

輪盤賭桌
主管

21點賭桌
主管

骰子賭桌
主管

賭注收付員
（每桌一人）

賭注收付員
（每桌一人）

賭注收付員
（每桌一人）

發牌員
（每桌一人）

發牌員
（每桌一人）

發牌員
（每桌四人）

華爾街傳奇：我的生存之道

序

十年前，我買進第一支股票。四年前，加碼操作賺錢的部位。我在股票市場已經賺了二百萬美元。

一位出版商請我寫書談這件事，我照他的意思做了。《我如何在股市賺進二百萬美元》（How I Made $ 2,000,000 in the Stock Market），賣出了四十萬冊。

這本書影響很大，美國證券交易所（American Stock Exchange；Amex）為此改變規則。

我受邀到華爾街一家大型投資銀行和經紀公司，成立達華斯共同基金（Darvas Mutual Fund）。

政治企圖心很強的一位首席檢察官，在心懷不滿的其他經紀商慫恿之下，起初大張旗鼓展開所謂的「調查」，最後的結果卻相當低調：我同意不控告他誹謗，他和我則達成我不再當營業員的共識。

我收到幾千封來信。幾乎每一封都要求提供明牌和建議，我總是告訴這些人：「我不見得知道你可以如何賺錢。我只知道我如何賺到錢和繼續在賺錢。」出版商建議我寫第二本書，談我在股票市場的實戰經驗和觀察心得。

我決定再度執筆。因為自十幾年前進入股市打滾以來，除了賺到白花花的銀子，我也學到別的事情。

退後一步，觀察眼前的情景，我開始看清華爾街的真面目——這根本就是一座賭場，一邊是發牌員、莊家、情報販子，另一邊是贏家和冤大頭。我曾經是贏家，也決心繼續當個贏家，所以開始設法熟悉這座第二個——但比較大的——拉斯維加斯的運作方式和工作人員，以及漫天飛舞的種種神話迷思。

我估計賠率，學會如何降低它們，而這就是我的故事：一位賭徒如何對抗世界最大的賭場。

現在，我們就來踏進賭場……。

尼可拉斯·達華斯（Nicolas Darvas）

喬治五世（Georges V），1963年法國巴黎

第 **1** 章

賭 場

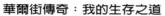
　　1962年5月28日，紐約豪華耀眼的廣場飯店
（Plaza Hotel），橡廳（Oak Room）正值雞尾酒時間，
顧客挨肩疊背。外面，行人的鞋跟叩擊中央公園南街
地面嗒嗒作響，往來車輛如織。裡頭，四周傳來生氣
蓬勃的交談聲，我卻靜坐平常喜歡的一角，正對門
口，輕啜雞尾酒（Planter's Punch），同時做一點小小
的心算。

　　我在攤開桌上報紙的邊緣，寫下一個總數，然後
用亮藍色的墨水，畫個長方框，把它框起來：

$$\$\,2,450,000.00$$

　　將近兩百五十萬美元。真不可思議，這是短短七年
內，我在華爾街賺到的錢。其中，也就是高達$ 2,250,000
的部分，是在僅僅十八個月內到手的！聽起來簡直是
天方夜譚。

　　我現在應該已經習慣於當個百萬富翁。我寫過一
本暢銷書，談在華爾街上的操作經驗。我曾經是報紙
大篇幅報導的主角——出現在《時代》（Time）雜誌
和華爾街的聖經《拜倫》（Barron's）金融周刊的文章

上。精美的雜誌登出漫畫，畫的是股票市場裡面的「舞精靈」。喜劇演員、專欄作家、評論者一提再提，以及拙著銷量驚人，即使不曾見過我在紐約拉丁區（Latin Quarter）或洛杉磯椰林區（Coconut Grove）曼妙舞姿的人，也聽過我的名字。

那真是叫人神魂顛倒、美妙異常的經驗，間歇穿插一些有趣的事件——例如，有一次我去魯本（Reuben's）喝酒，忘了帶零錢，只好給調酒總管華倫一支股市明牌（tip），代替本來要給他的75美分小費（譯註：英文也是tip）。我報給他的明牌是自動售貨機（AUTOMATIC CANTEEN）。他以31⅝美元的價格買進，40美元賣出，獲利約800美元。這樣的小費可真不賴！

我甚至引發人們唇槍舌劍展開論戰。像我這樣的外行人和舞者，剛起步時顯然沒有從跌跌撞撞的嘗試摸索中學會什麼叫做賣權或買權，卻一頭栽進連學有專精的經濟學家都不敢涉足的領域，並且抱走二百萬美元，真有可能嗎？

不只有可能，還真的發生了。而且，連其他的事情也發生過。美國證交所因此改變它的規則，暫停使

用停損單（stop-loss orders），顯然是為了阻止投機客玩「跟隨領導人」（Follow the Leader）的遊戲——或者，這一次是叫「跟隨舞者」。

但是已經發生的事情不能勾銷。1962年5月那個晚上，坐在橡廳裡，觸動回憶的，正是眼前那份報紙的頭版。我剛在上頭簡單清楚地記下我的淨資產。我心裡咕噥著：「達華斯，你真走運。」

這句話，不只針對我在銀行的存款數字，還有更切身相關的事情。《紐約郵報》（New York Post）頭版斗大的黑字令人觸目驚心：

股價暴跌
三十年來
最沉重的賣壓殺出

這個標題有如墓誌銘，寫下華爾街有史以來漲幅最大、為期最長的多頭市場的句點。可能有高達數百萬的小額投資人，壓根兒不知道他們一直在賭博，報紙的標題有如晴天霹靂。1962年股市大跌的第一天，看起來就像1929年的崩盤歷史重演，成千上萬帳戶慘

遭斷頭。

　　但是5月的崩盤，比《紐約郵報》在紐約證券交易所那天收盤後第一次的報導內容還嚴重。我發現，一天之內，在紐約證交所掛牌的股票，所謂的「帳面價值」（paper values）便消失208億美元，一個星期蒸發400億美元！

　　這還只是開始而已。短暫的反彈之後，股市加快下跌。許多股票，例如曾經高達600美元的績優股國際商業機器公司（IBM），直到進入6月，股價才遲遲真正見底。我認識的一些人，仍然沒有恢復過來。

　　儘管股市殺聲震天，有如阿爾卑斯山爆發雪崩，甚至傳出經紀商破產的消息，我卻能好整以暇坐在那邊，輕啜輕涼的飲料，用全然事不關己的態度，閱讀報紙的標題。因為——這才是了不起的事實——我早已從股市抽身。

　　四個多月前，我已經軋平經紀帳戶中的最後一個部位！

　　這件事值得好好想一想。這絕非純屬巧合。事情不是就那樣發生而已。不過，我也稱不上是什麼預言家。我沒看水晶球，沒有研判杯中茶葉散開的形樣，

也沒從深奧的走勢圖看出什麼警訊，或者借助於華爾街內線人士的消息。

其實，說穿了，我，尼可拉斯·達華斯這個人有沒有能力鐵口直斷5月將發生崩盤，一點都不重要。

早在12月，我就察覺雪崩快要發生，開始自動出清手上持有的股票——連一根手指頭都不必動到！

我不需要絞盡腦汁，做出攸關生死的決定。我早就學會在買股票的時候使用「箱形」（box）系統，並且小心翼翼地隨著箱形區而調整停損單。停損單已經替我做了決定。如果我堅持逆勢操作，賣掉股票後又買回，那麼價格一向下波動，停損單就會再次啟動自動安全控制，於是轉眼之間，我又出場了。

我最近一次在華爾街操作，是四個半月前的事。現在，我坐在橡廳的老位子，翻閱《紐約郵報》。華爾街的大輪盤再次轉到雙零。內部人再次以極低的價格吸進籌碼；美國各地的小額投資人，再次帶著從最近一次華爾街災難中能夠搶救的家當，四處驚慌逃竄。

我不覺得有什麼好沾沾自喜的。我是覺得很快活沒錯，因為我已經拿起籌碼，離開賭桌。誰不會因此

覺得幸運？但我同時開始想起曾經同在「大賭場」（Big Casino）放手一搏的那些人；我把紐約證交所稱作大賭場。

他們是不是已經瞭解發生了什麼事？他們知道那只是一場賭局嗎？就像買彩票那樣？雖然有贏的希望，卻也要做好輸的準備。他們知道那可能是傾家蕩產的消遣活動嗎？

直到我在股票市場下注，我才想到這些問題。現在，察覺這次崩盤對進場賭博卻輸不起的數百萬人來說，是極其嚴重的事情，我決定將我所知和發生在我身上的整個故事說出來。一股衝動緊緊攫住我，要我去描述比蒙地卡羅（Monte Carlo）還大，令拉斯維加斯相形失色，燦爛奪目的這座賭場。我想談談親身的體驗。

我相信，呈現華爾街真正面貌的一種方式，是把它看成一座職業賭場，擠滿賠錢的賭客和贏錢的賭客（交易人〔traders〕其實就是賭客）。

根據證券管理委員會（Securities and Exchange Commission）剛發表的報告，美國約有一千七百萬人持有股票。這個數字略有誤導作用。

　　首先，持有一家公司股票的人，不是個個都積極「進」場。大部分人不是。持有股票的人大致可分成兩類：像我這樣買進和賣出的人，以及只是抱緊退休老本（金額大多不高）的人。抱緊退休老本的人包括：

　　‧奇異（GENERAL ELECTRIC）等大公司的數百萬職工，擁有所服務公司的一些象徵性股票——通常是以折價買進。（這是企業促進勞資關係的高招，但我們會提到，這些股票對股票市場的影響不大。）

　　‧取得認股權的高階主管，享有拉長收入的利益（通常在退休之後仍有所得），也能規避稅負。

　　‧從省吃儉用的姨媽那裡繼承一些績優股的許多幸運兒，偶爾領得股利支票，當然令人高興。

　　或許除了企業高階主管，這些人不會在股票市場投機。他們很少買進；也極少賣出，除非真的有急用。我可以想到一些熟人屬於這一類，你當然也想得到。

　　舉例來說，我認識一位女孩，在泛美世界航空公司（PAN AMERICAN WORLD AIRWAYS）當業務代表。她持有100股的泛美股票。最近，也許由於傳稱泛美和環球航空公司（TRANS WORLD AIRLINES）可能合併，泛美的股票幾個月來開始有了生氣。我的

朋友，X小姐用20美元的價格買進。今年1月，股價約為27美元。突然之間，股價開始勁揚。當股價升抵32美元，我問她，有沒有考慮賣出，獲利了結。

「哦，不，」她說。「它不時就寄來說少不少的股利支票。再說，只要我繼續在這裡工作，持有一些泛美的股票總是好的。」

感情有時比金錢還重要。就像前面說過的，持有股票的人不是個個都真的「在」股票市場。

另一位朋友的太太從一位叔伯那裡繼承一些股票，來問我的意見。她的股票是哪一家公司的？原來是在古巴有石油和天然氣開採租約，並在美國證交所上市的石油探勘業者西伯尼公司（SIBONEY CORPO-RATION）。

不幸的是，那些西伯尼股票是在卡斯楚（Castro）執政前的1957年左右買的。現在西伯尼一股股價為1/4美元或25美分，乏人問津。這是持股人缺乏現實需要，不必進出市場的另一個例子——約一千七百萬人中的一個。

類似這樣的人，可能占美國企業股票持有人的絕大多數。他們不買、不賣、不賭，而且——對華爾街

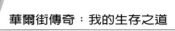

來說最重要的是——不付手續費。有時他們能夠領得股利；有時像上面所說的，他們只是抱牢股票。

但是股票經紀商和本書關心的人，主要是支付手續費，以及想在華爾街賺一點錢的人——只是各基於不同的理由。

一般認為孤兒寡母是靠績優股的股利過活，奇怪的是，我卻瞥見他們進出市場的身影，只是通常由別人代理。也就是，他們的錢不是拿去買共同基金的受益憑證，就是交給信託基金經理人。這些人收取費用，照料他們的「投資組合」（portfolios）。

不管採用哪種方式，「投資組合」都會定期調整，意思是說，每過一段時間，就賣出一些股票，改買其他的股票來替補。說穿了，其實就是賭某支股票的價格會下跌，另一支則將上漲。簡言之，孤兒寡婦和其他許多人一樣是賭徒——只是他們不親自下注。

由於我被這座賭場的所有層面深深吸引，所以去挖了一些數字來看。我發現，實際在市場上賭博的人數經常變動。這些人包括：

（1）超過十萬五千人根據紐約證交所的月投資計畫（Monthly Investment Plan；M.I.P.），每個月投資40

美元或更多錢購買股票。沒辦法一次拿出一筆大錢，買他們看中的股票的人，可以利用M.I.P.。許多人被說服，相信股價上漲會抵消這種分期購股計畫需要負擔的高昂手續費。

（2）約三百萬共同基金受益憑證持有人。前面說過，他們請別人代為下注。實際進場賭博的是管理基金的專業人士。個人唯一下賭的時刻，是在想要或需要賣出時，共同基金受益憑證的價值是否等於或高於當初的買價。

（3）所謂的「零股大眾」（odd-lot public）。這些人由於不一而足的理由，但通常是因為資金有限，無力買進一百股的「整數股」（round lots）。

零股大眾到底有多少，很難說得準。

一位經紀商朋友告訴我，他那間大辦事處的業務量，有約60%來自小額買主買賣不足一百股的股票。也就是說，5月28日股市崩盤之前，這些人占業務量的60%左右。

連相當有錢的投資人，也不見得老是有那麼多錢，或者懷有那麼高的信心，能夠或者願意購買本書撰稿時價格高達416美元的全錄（XEROX）100股，

或者買100股510美元的IBM。又有誰會買每股1,435美元的優等石油（SUPERIOR OIL）股票100股？

舉例來說，1962年12月，零股賣出數量超過零股買進數量2,659,092股——單月數字寫下新高紀錄。由此可見小額投資人正大量倒出股票，意思正像你所想的那樣——因為5月價格崩跌，慘遭「套牢」的散戶，到了12月，正相繼逃離華爾街。

所有的小魚加起來，可是很大的生意量——從經紀商的獲利，可以看出這一點。

散戶會回頭嗎？已故的摩根（J. P. Morgan）講了一句經典名言，說股市唯一確定的事情是：「它會波動。」

我相信，摩根這句簡短卻意味深長的話，一定也適用於撐起股市的賭博大眾。他們來了又走，也「會波動」。

新多頭市場
正要展開？

《紐約時報》金融版上，一家投資明牌服務社的

廣告，想要引人好奇的這句話躍入眼簾。這不是什麼新廣告，也不是新問題；我已經看了好幾個月，連市場牛皮不動，成交量跌到接近三百萬股大關的時候也看過。

答案到底是什麼？

老實說，我不知道，就像我不知道拉斯維加斯賭場的輪盤會停在哪裡。其實，連明牌服務經營業者也不知道，否則他們早成了百萬富翁，可以好好安享退休生活，不必再那麼辛苦，收五美元給一則明牌消息。

但是華爾街的歷史非常清楚地告訴我們：**市場和整體經濟一樣，有它的興衰榮枯周期（但兩者並不同步）**。重跌之後，可以期待會有若干程度的回升。價格跌了又漲，漲了又跌。輸家兩手空空離場。長江後浪推前浪，新的賭客又會現身。

但是對我來說，真正重要的問題是：（1）**我如何能夠在市場賺到錢？以及（2）我如何能夠保護自己不發生損失？**我在這座賭場賺到了錢，擊敗了賠率。這是我投機進出市場的戰果，記錄了我如何進軍這座金錢堡壘、閃閃發亮的賭桌、賭中之賭。

起初⋯⋯

我被稱為賭徒，而就某種意義來說，講得一點沒錯。任何人只要砸下X元，期待收回X元，外加一些利潤，其實都可說是在賭博。

但是我可以說，從一開始，我的想法就是放在消除風險因素，或者儘可能把它壓低。我喜歡贏。有誰不喜歡？但我同時生性保守；當我看到股市報價數字下跌1點、2點、3點，我的心就跟著往下沉；我會驚慌害怕。

由於那種憂疑恐懼，我終於發展出引領個人的一些準則。**當我參與這場遊戲，主要的著眼點是放在儘可能壓低損失。**

但是這種想法，需要經過相當長的時間才發展出來。我起初冒很多風險。最糟的是，冒那些風險的時候，甚至不知道自己正在賭博。初進市場，我對它抱持一些奇怪的想法，也懷有強烈的過度自信——那種自信，必須矯正，我才能開始學習一些東西。

第一次踏進市場，純屬偶然。還有，我不是進出華爾街，而是購買加拿大公司的股票。那時，有人請我前往多倫多表演舞蹈，開出的條件相當罕見，竟是用一批加拿大礦業股，代替現金作為酬勞。我沒空接

受邀約──我正在紐約的拉丁區跳舞，也有別的事要忙。不過，我還是買了本來要提供作為酬勞的股票。擁有稱作布麗倫（BRILUND）的一家公司，價值3,000美元的股票，連自己也覺得不可思議。

　　布麗倫？聽起來好像是新上市的廚房清潔劑。我半信半疑地買進這支股票，然後擱到一邊，好一陣子忘了有這麼一回事。我工作忙碌，四處奔波，馬德里和其他地方都有表演。

　　後來某一天，由於一時的無聊好奇，而不是出於什麼特別的好理由，翻開報紙的股市行情表，我楞住了。布麗倫在那邊，躍然紙上。我用每股50美分的價格買進。報紙上的報價是1.90美元！一瞬間，我相信一定印錯了。你可能以為布麗倫是一種肥皂粉，實際上它在加拿大的叢林裡，經營你不敢相信的採礦活動。現在，它的價值增為四倍左右！

　　我馬上賣掉。原來的3,000美元，奇蹟般地變成11,000美元以上。沒錯，你猜得對，我就此迷上股票。從那一刻起，我走上那條不歸路，而且搖身成為進出股市的大戶。從布麗倫的經驗來說，股市看起來絕對像是輕易賺取數百萬美元的康莊大道。

　　我覺得自己像是獲准與聞大祕密的人。我充滿信心，感覺力量在握。沒人曾經告訴我，和股票或市場有關的任何事情，但一旦知道有這些東西存在之後，我相信已經找到致富之鑰。只要找一家可靠的經紀商，選對股票，我買布麗倫的經驗就能一而再，再而三如法炮製，永無止盡。

　　為什麼不是每個人都搶著利用這種奇妙無比的發明，也就是股票市場呢？嗯，那是他們家的事，與我無關。我開始四處尋找其他的好股票。到哪裡找？有錢人一定知道。我在夜總會工作，經常碰到這樣的人，不妨問問他們——我也真的問了。

　　每個人都有明牌、小道消息、內線情報、個人偏愛且肯定上漲的股票。看來，股票市場的存在，畢竟不是保守得密不透風的祕密。但當我用自己的錢（布麗倫給我的投資資金），開始選一些明牌買進，才發現股市這條財富之路，不像原先看到的那麼寬廣。

　　接下來一年，我買過數十支股票，期待遇到另一支布麗倫。我從加拿大的低價股著手。一心想要重演第一次大賺一筆的輝煌過去，從那裡出發是再自然不過的事。結果一事無成。一些商品的廣告說：「蠅頭小利，

積少成多」，我卻發現自己反其道而行，投資老煙山天然氣石油（OLD SMOKEY GAS AND OILS）、雷斯帕（REXSPAR）、凱蘭礦業（KAYRAND MINES）等聽都沒聽過的公司幾千股股票，損失一些小錢。

這個時候，我的操作紀錄，恐怕除了最樂觀的市場新手打死不退之外，任何人都會敲退堂鼓：19美分買進，10美分賣出……12美分買進，8美分賣出……130美分買進，110美分賣出……。結算經紀帳戶時，我發現平均一個星期虧損100美元，一點一滴賠掉——再加上連賠錢的交易也要支付手續費給經紀商。

我買股票完全是隨興而為。我就像剛進賭場的生手，贏了一點錢，難免手癢，繼續沉迷其中，在浪潮轉向之後很久還在玩，因為這種人相信，只要堅持不輟，幸運組合會再次降臨。奇怪的是，我一點都不氣餒。我始終認為，那可說只是找到鑰匙，揭開買賣股票獲利神秘面紗的問題。

顯然我還有漫漫長路要走。連最基本的經紀手續費，剛入門的我也完全不懂。從下面所說的經驗，便可見一斑。

投資布麗倫大賺之後，我繼續尋找另一支好礦業

股。有人推薦凱蘭礦業。它開採什麼礦？但願開採的是錢。那個名稱代表什麼意思，我一點概念也沒有，但當時一股只賣10美分，看起來當然十分便宜。長話短說，我買了一萬股，總共投資1,000美元。

雖然投資布麗倫的好運道還留下數千美元，1,000美元對我而言仍屬大錢。那是一場賭博，而我就像小學老師第一次上賽馬場，買了一張賭票，情緒激昂地盯著凱蘭礦業。凱蘭果然好像挖到了什麼寶。不到二十四個小時，價格上漲到11美分。

要是那時我正好出外旅行，而不是緊盯著這支股票，我可能聽任它愛怎麼動就怎麼動；忙著別的事，無暇它顧，就只能默默祈禱它變成另一支布麗倫。由於太接近市場，我反而當不成賭徒──生性太過保守──不敢冒險太久。不知不覺中，我的推論跟著華爾街的那句老話走：「獲利了結絕對不會破產。」

真是令人難以置信！

我是這麼計算凱蘭礦業的盈虧：

10,000股，買價@10¢ = $1,000

10,000股，賣價@11¢ = $1,100

獲利　　100

不幸的是，我忘了金額不多卻十分重要的細節，也就是經紀手續費。營業員給了我壞消息。買10,000股凱蘭礦業股票，他的手續費是50美元。還有，賣出10,000股，還得再收50美元。

扣除這兩筆手續費，加上一點過戶稅，「獲利了結」的我，差不多打平——卻不是真的打平。

其實，獲利的是營業員。他費了一點事，打了幾通電話，便賺進100美元。有我這樣的客戶供養他，他怎麼可能賠錢？

經過很久，我才學會如何不讓操作資金節節流失。那是我無數次心驚膽顫之下，賺點蠅頭小利（或者發生蠅頭小損）就跑的交易，必須負擔經紀費用和過戶稅，一點一滴消耗掉的。

即使在我轉戰紐約和華爾街（萬歲！歡樂時光終於到來！）之後，還是繼續像跳蚤馬戲團中的表演明星那樣，搶進殺出市場。當然了，我每一次轉身，營業員總是慎重其事，卻發自內心，鼓掌喝采。他的確有很好的理由大聲叫好。

投資凱蘭礦業之後一年半的1954年7月，從我的操作紀錄，可以看出我在華爾街的業餘投機客生涯，

持續面對什麼樣的問題。這段期間，我買進和賣出四家大公司的股票：

美國廣播—派拉蒙（AMERICAN BROADCAST-ING-PARAMOUNT）

紐約中央鐵路（NEW YORK CENTRAL RAIL-ROAD）

通用耐火材料（GENERAL REFRACTORIES）

美國航空（AMERICAN AIRLINES）

前兩支股票賺了一點或更少。買了之後，我很快就賣出，獲利了結。另兩支股票稍微下跌，我趕緊脫手，以免繼續虧損，賠上大錢。

這四筆交易的金額，總共是19,311.41美元。這個時候，我的操作資金，遠高於我最初懵懂無知買進布麗倫時的3,000美元，加上布麗倫的獲利約8,000美元。我本來以為是靠那8,000美元加碼操作，錢滾錢，滾成一筆財富。其實我是從身上的口袋再掏錢出來操作，而且很難克制自己不這麼做。四支股票加起來的買賣金額共是19,311.41美元。加加減減，計算損益，我發現淨利竟然只有1.89美元！

我的營業員落袋的手續費共計236.65美元。

好吧，即使只賺1.89美元，獲利總比賠錢要好。其實我已經大有長進，因為這個時候，我終於在股市學得重要的第一課。它成了此後我的指導準則，總結就三個英文字：

Stop that leak！（停止失血）

換句話說，務必設法減低必須負擔的經紀手續費。千萬別做那種打帶跑，只賺蠅頭小利的操作。只有不必支付手續費的證券交易所場內交易員（floor trader）會員，才經得起那麼做。

我聽美國證交所的交易員說過，「這裡賺八分之一，那裡撈八分之一」，意思是指從數量相當少的低價股，快速進出的交易中，每股賺八分之一點，或者25美分。

這是交易所會員能做的事。我卻不能這麼做。我買進的時候，必須支付手續費，賣出的時候，又得繳一次手續費。此外，還要負擔過戶稅。如果我交易的是零股，零股經紀商會在掛牌價格之上，每股再賺八分之一點或四分之一點的利潤。這些都得加在一起。我交易的次數愈多，營業員愈高興——我可能賺到的

31

錢愈少，即使在最強的多頭市場也一樣。他的手續費可能不高——紐約證交所的數字是平均約1%——但世界上就是有零零星星的小錢加起來壓死人那種事，而在股票市場中，小錢累積成大錢的速度，比我想像的快上許多。

我的意思是說，整個股票市場像極了彩券業、博奕公司、賭場。這不只是比喻性的說法。一般讀者可能說，是，沒錯，我們知道買股票帶有某種風險成分；連經紀商也承認這一點。

但我講的可不只風險而已，而是賭博（gambling）這個字詞最完整的意思，就和你在拉斯維加斯看到的那種賭博沒有兩樣。你在拉斯維加斯下注賭撲克牌，或者一顆小象牙球在數字輪盤上滾動，或者在骰子桌下5或50美元賭特8（Big 8）。

輪盤的轉動、撲克牌的翻面，直接攸關拉斯維加斯賭場經營業者的利益。他們拿自己的錢和你對賭。勝算當然對他們有利；如果不是這樣的話，他們早就經營不下去了。

現在就來談我觀察到的事實。股票市場並沒有太大的不同，除了相當重要的一點：證交所的經紀商會

員，是擁有華爾街賭場的老闆；而且，雖然其中一些公司一直拿自己的錢和投資大眾對賭，整個經紀業的大部分利潤，卻不是來自賭博，而是從手續費而來。

經紀手續費是有組織的證交所存在的主要理由；少了經紀手續費，就沒有華爾街賭場。

我初進股市不久就瞭解這一點，不致被「健全的投資」、「美國企業有你的一份」之類，從廣告文案筆下源源不絕湧出的宣傳所騙。

我必須承認，麥迪遜大街（Madison Avenue）那些長於敲鑼打鼓的廣告業者，將華爾街推銷給升斗小民的工作做得很好，而他們的目的，可能完全合法。但我沒有誤解那個目的：它和美國企業的股票沒什麼關係；他們的主要目的，是吸引更多的賭客到那座賭場，買賣更多的股票，為擁有和經營賭場的經紀商，創造更多的手續費收入。

我不敢自命清高。我只是對事實懷有濃厚的興趣，因為這攸關我的收入，而且，紐約證交所所說的「人民資本主義」，大抵上是個迷思。「人民」的意思是指絕大多數的美國人，但他們只持有自由企業體系資本工具的很小一部分；事實上，和一個世紀之前比

較，大眾持有生產工具的比率不增反減。

　　至於企業，初期的營運資金的確是靠銷售股票給大眾募集而得。擴張經營所需的資金，也或多或少需要發行股票。接下來呢？企業的管理階層從股票承銷商那裡取得售股所得之後，將來和所發行的那些股票，再也沒有什麼關係了——除非公司的高階幹部持有公司的股票。

　　本來以每股30美元發售的股票，在市場數度易手之後，價格可能跌到5美元，或者上漲到150美元。由於股票不像債券、本票或共同基金受益憑證那樣可以贖回，所以股票價格是高或低，對公司來說並沒有差別。公司的財務狀況不是取決於市場的波動，而是依賴比較實務面的事情，和印有公司名稱、精美的股權憑證完全無關。

　　股利呢？企業沒有義務非支付不可。董事會擁有自由裁量權，可以投票決定是否配發股利。如果董事本身持有大量的股票（通常如此），他們可能想要發放股利。

　　相反的，不配發股利的好理由有許多。他們可能比較喜歡擴張營運規模、透過股票交易收購其他公司

的資產、建立金融帝國和設立領取高薪的高階主管職位、為了控制財富而控制財富。

在此同時，不管有沒有配發股利，公司的股票會繼續在市場上交易。事實真相是：交易價格的高低，主要是看買方估計他日後可以賣出多少價格而定。這就是投機，也是賭博。

這個意思是說，當你買進10美元、20美元或50美元的股票，你是拿10美元、20美元或50美元去買印刷精美的股權憑證，並且賭將來會有別人願意出更高的價格向你購買。從你手中接走股權憑證的人，當然也是賭完全相同的事情。

賺取手續費的營業員，在這整件事情裡面扮演的角色，當然是刺激賭氣旺盛，儘可能收進最多的手續費。為防你不知，所以要特別告訴你，他是下那些賭注的賭場，許多老闆裡面的一個。他的會員資格，給了他特權，可以在他經手的每一筆交易抽頭。畢竟，這是他加入經營賭場的理由；這是他，或者他公司的其他會員，願意花四萬美元買美國證交所的席位，或者花十五萬美元以上，買尊寵無比的賭博俱樂部——紐約證交所——席位的原因。

　　生意終究是生意，有起有伏，也包含若干風險。沒人敢說那是十拿九穩的事。但風險通常經過審慎計算，而且上升周期和下降周期都能以理性的方式加以解釋。煤或燃料石油業今年表現不錯，是因為冬天很冷，人們燒了很多燃料。今年夏天，甜瓜銷路奇慘無比，是因為農民種植的甜瓜，消費者吃不了那麼多，導致市場上甜瓜過剩。

　　這個賭博業——指的就是華爾街——又和別人不一樣。它是不理性的，最好的證明就是股價波動十分激烈，不只每天如此，每個小時也一樣。股市行情表上面，價格的漲跌，像極了運氣好壞輪流出現，或者骰子賭桌上，什麼時候出現7、11或2點和3點，沒有定數。

　　如果持有一股股票，就像紐約證交所的廣告文案說的，「美國企業有你的一份」，又為什麼價格一天要變個二十次呢？

　　晚餐價格會每天不同嗎？假使我到廣場飯店的橡廳點雞尾酒（我常那麼做），吧檯服務員說：

　　「晚安，達華斯先生。馬丁尼今晚的報價是97美

分，先生；曼哈頓78；波本威士忌43；甜苦艾酒破底，

跌到3；但是無甜味酒價格堅挺，仍然賣39；招牌三明治5.26美元；泡菜1美元；我不推薦雞肉沙拉，等廚房的主導權之爭塵埃落定再說比較好。」

　　真要是這樣的話，會是多麼荒謬的世界。我在公園街650號看到有棟房子要賣，卻不曾見過不動產價格用行情表報出：公園街650號今早賣$3,500,000，三個小時後賣$3,530,000，兩個小時後跌到$3,450,000，隔天只要$2,900,000。我沒見過有人某天下午三點賣出之後，隔天早上又搶著用低於前一天售價的價位買回來。

　　如果有人說，任何商品價格的這種波動，對大眾有利，他一定瘋了。但談到賭博，當然是另一回事。彩券數字的波動有它的必要，因為這是它能夠存在的根本理由，而且，一個人買到的正是他要的東西——賭客用來核對是否中彩的數字；或者，就華爾街來說，是印在紙上的代號，例如IP代表國際紙業（INTERNATION-AL PAPER），CN代表紐約中央（NEW YORK CEN-TRAL），IBM代表國際商業機器（INTERNATIONAL BUSINESS MACHINES），GM代表通用汽車（GENERAL MOTORS），人們買它們，期待將來的賣價高於現在

的買價。

在這些公司裡面，以IBM（也就是INTERNATIONAL
BUSINESS MACHINES）為例來說：看一眼每位營業
員在辦公室都有的走勢圖，可以發現1936年到1960年
間，IBM的價格從每股 $3\frac{7}{8}$ 美元到400美元都有。1961
年的低價是387美元；高價則高達607美元！1962年1
月漲到$587\frac{1}{2}$美元之後，6月間跌到300美元，12月底
回升為$392\frac{1}{2}$美元。寫這段文字時，價格約為510美
元。

IBM一年來的走勢圖請參考附圖。

近幾年IBM的每股盈餘如下：

1961	7.52
1962	8.72
1963	10.00（估計）

每一年都比前一年要好。那麼，為什麼價格波動
得那麼激烈？稍微想一下，也會覺得像那樣的走勢圖
很不合理。價格走勢圖顯示的波動，和IBM作為一家
企業沒有關係。價格忽起忽落，只和稱作紐約證交所
的大賭場中，IBM的價格波動有關。

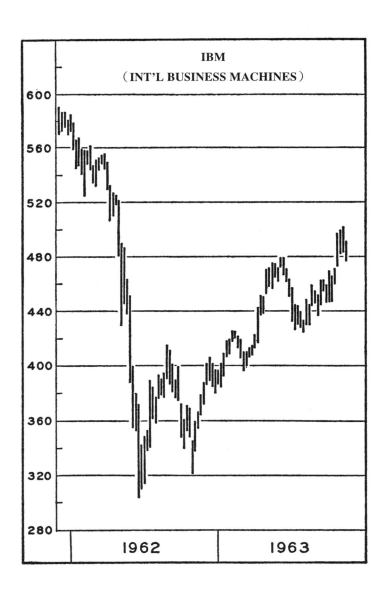

看一眼我手上的報紙，發現IBM一年配發每股4美元的股利。還不到目前市價的1%。不必告訴你，沒人會為了賺區區1%，而把錢投資下去。

說穿了，買IBM股票的人——不管是以300美元、600美元，還是其他任何價格買進——只是在賭它的價格會上漲。同樣的道理，也適用於大部分的投機性股票，而在我看來，幾乎所有的普通股都是投機股。它們可能上漲，也可能下跌。只要你願意，冒個險買一支股票，就會知道。

關於賭博和股市的關係，如果我似乎講得太過囉嗦，那倒不是因為我好為人師，而是為了強調根本的實際狀況！我在市場打滾的經驗告訴我，只有靠一種理性的方法，買賣股票才能獲利；首先，要非常徹底地瞭解我要買的到底是什麼，以及我希望再度賣出的到底是什麼。

我學到的華爾街入門知識（ABC）是：

A. 我買股票，其實是在賭場買籌碼。

B. 我的目標，是從其他賭客的投機性行動製造的價格波動中獲利，也就是寄望籌碼的價值能夠高於我的買價。

C. 但由於其他的玩家也抱持相同的目標，我必須
**　非常確定自己玩得很好。**

我因為投資凱蘭礦業，而在股票市場學到的第一課，前面已經談過。這一課就是：我可能因為獲利了結而破產——如果太快和太常獲利了結的話。這一點，正好和華爾街的金玉良言背道而馳。原因顯然出在經紀商收取的手續費上。不管我是賺或賠，每一筆交易結束，都得支付手續費。

手續費占交易額的比率不高，就像蚊子叮上一小口，但每次進出股市，都得被叮上這麼一口，日積月累便成了很大的間接成本項目，有如在華爾街這座賭場賭博，每天都得買「門票」那樣。

隨著我更深入瞭解市場，發現收取手續費的經紀商，其實也是華爾街賭場的自營商（dealer；譯註：這個英文字在賭場譯作「發牌員」或「莊家」）——很聰明的自營商（發牌員或莊家）。

第**2**章
發牌員

我在股票市場的頭一年左右，面對一些嚴重的問題。現在回想起來，我的基本問題，是誤解股票、市場，以及市場經營者所扮演角色的本質。

首先，我聽人家說，買了一支股票，就真的擁有一家商業組織一股的股份。這一股的價值，隨著公司的相對榮面而升沉。另外，股票市場的運作，主要是為了提供這些公司需要的資金。「美國企業有你的一份」正是紐約證交所喊出的口號。

聽起來似乎再簡單不過了，直到深入去思索。一段短暫的時間內，我聽明牌、憑直覺，亂買一通；如果要安慰自己，可以說我是在「感覺市場」。

但後來我確定，既然買了股票，就表示擁有企業的一部分，那麼顯而易見該做的事，是徹底研究企業——找出哪些行業最強、哪家公司的前景最看好，然後買那些公司的股票。如果某個行業欣欣向榮，而那個行業裡面有家公司業績蒸蒸日上，那麼自然而然得出的合理結論是：它的股票價格一定上漲。

在我看來，這個邏輯沒什麼不對的地方。它就像入門知識那麼淺顯明白——最好擁有規模最大、最繁榮的行業中，最大、最強、最有錢的公司股票。

　　我滿懷信心，根據事實資料，著手選股。這一次，我不再瞎猜亂闖，卻幾乎馬上就撞到路障。

　　研究過期的《拜倫》（Barron's）金融周刊的股票行情表，比較幾個月內每個星期的價格，我發現了任何營業員都可能告訴我的事情——如果我曾經開口問的話。

　　最老牌、資本最雄厚、盈餘最穩健、配發股利歷史最悠久的公司，股票價格的波動最小。其中一些——尤其是優先股（preferred stocks）——似乎紋風不動。價格不動，就沒有獲利的機會。我似乎找錯了對象。

　　我從價格波動的研究，也發現股利、盈餘、安全性和類似因素的評等相同的股票，走勢往往可能相當不同。從各個角度來看，似乎完全相同的三支股票，其中兩支可能原地踏步或甚至下跌，第三支卻出乎意料上漲數點——但我看不出有什麼好理由。顯然有些因素，我還沒能考慮到。可是這些因素並沒有開列在任何參考手冊或年報中。

　　不過，那種動向有跡可循，而且似乎是十拿九穩的線索。我注意到，雖然所謂的品質（quality），不是

絕對可靠的指標，不能指出股票將往哪裡走，但股票彼此之間的確存在某種關係。股票不是在絕對真空中交易的。尤其是，我看到各產業群（industry groups）存有追隨領先股的傾向。這個觀察，每天的股市報導，特別是我每天晚上從收音機聽到的內容，似乎可以作為佐證。

「今天石油股領先大盤，」我會聽到報導這麼說。「新澤西標準石油（Standard Oil of New Jersey）漲八分之五，紐約標準石油（Socony）漲四分之一，辛克萊（Sinclair）漲八分之三，非鐵金屬股略跌，但是紡織股堅穩……」等等。聽這種報導，以及從《華爾街日報》研究它們，在我看來，市場似乎就是這麼動的：先是某個股群上漲，接著另一個股群衝上前來，就像幾群海豚接二連三，一一躍出海面那樣。

如果某個股群的一支股票上漲1點左右，同一股群的其他股票，似乎也得到這種漲勢之助。為什麼會這樣，我只能臆測，但無論如何，我觀察到這件事，似乎有一些價值。

我一直用心閱讀企業發表的報告、財務報表、股利表、本益比等數字、獲利率，也就是所謂股票交易

「基本面」的一切資訊。

　　因此，留意各類股群整體的表現方式，對我來說是最佳的賭注。這看起來再合理不過了。我想，我應該選交投最熱絡和最強的股群，然後選那個股群中的領先股。如此，要出錯便很難。我該做的事，只是密切注意細節，仔細分析。我現在對自己這方面的能力，滿懷信心。我開始成了自身的市場專家。

　　果然，我找到了尋覓中的對象。那支股票叫瓊斯羅夫林鋼鐵（JONES & LAUGHLIN STEEL）。它所屬的行業，就算不是美國整體經濟中最關鍵性的行業，也應該是十分重要的行業之一，而且它的盈餘、獲利率、經常配發股利的紀錄，以及類似的「基本面」因素，在鋼鐵業的排名數一數二。它在市場上的價格，我覺得相當合理，而當我拿它和其他的鋼鐵股逐一比較，它比價格貴10到20點的股票更勝一籌。

　　整個鋼鐵工業正在市場綻現強勢。我覺得，瓊斯羅夫林在整體的榮面中占有應得的一席之地，只是時間早晚的問題。從任何角度來看，它的價格都十分便宜。

　　我深信自己的推理擲地有聲，急著在別人聽到風

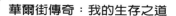

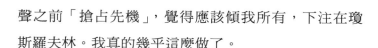

聲之前「搶占先機」，覺得應該傾我所有，下注在瓊斯羅夫林。我真的幾乎這麼做了。

我打電話給營業員，指示他融資買進一千股。平均進價是每股52½美元。依當時七成保證金的規定，我必須存入的現金總額是36,856.61美元。這幾乎是我全部的家當，包括我的自有資金和能夠借到的所有的錢；我的薪水預支了好幾個星期，我把拉斯維加斯的房地產拿去辦理抵押貸款；我深深陷「入」市場，萬一算錯，一定慘遭滅頂。

奇怪的是，我一點都不焦慮。我大費周章研究的「基本面」告訴我，瓊斯羅夫林就要上漲。根據我的估算，它的價值至少是每股75美元。我信心滿滿地等它實現真正的價值。

我的估算似乎馬上證明是錯的。某個地方似乎漏掉了什麼。瓊斯羅夫林的價值也許是有75美元，但其他的投機客似乎不這麼認為。他們相當明白地表示，它連我的買價每股52½美元都不值。

我下單買進之後第三天，瓊斯羅夫林開始滑落。先是下跌不到一點，然後是跌一整點以上。每跌一點，我就損失1,000美元。

跌勢途中，曾有短暫的反彈，稍微展現一點生氣。接著股價繼續馬不停蹄下跌，跌 $\frac{1}{8}$ 點，跌 $\frac{1}{2}$ 點，跌1點，跌2點。

三個星期內，這支股票已經跌到44美元——比我的平均買價低 $8\frac{1}{4}$ 點！

對我來說，它已經跌到底了。我再也不能忍受，於是忍痛賣出——加上手續費和融資利息，虧損9,000美元。

現在我看得很清楚，我的整個市場投資方法，有什麼地方大錯特錯。看起來那麼具有說服力的邏輯，就是沒辦法用到現實狀況。先前的操作生涯中，我一點都不懂什麼「基本面」，只是一味下賭，成果卻比這要好。回頭檢討我買瓊斯羅夫林的理由——標準普爾公司（Standard and Poor's）給它高達B+的安全性評等、股利率接近6%、每年盈餘不錯等等——我還是看不出原來的推理哪裡錯了。它是強大行業中的一家好公司。和貴得多的其他股票相比，它的價格是很便宜。但它就是漲不起來。我哪裡錯了？

我不知道，但曉得必須做點事情，彌補我的虧損。我開始再次研究《拜倫》和《華爾街日報》的股

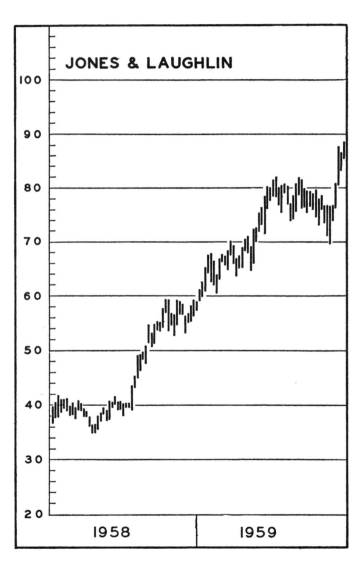

票行情表。尋找市場神秘動向的線索，也就是紐約證交所每天和每個小時難以捉摸的價格漲跌。如果不看基本面，那麼要看什麼？

我的注意力終於被一支叫做德州灣生產公司（TEXAS GULF PRODUCING）的股票吸引住。它生產什麼？我連這一點也不知道。但看了幾個星期的價格之後，我注意到有些股票像乒乓球那樣起伏不定，有些只是原地踏步，價格難得波動，德州灣生產卻節節攀高。

真要說有什麼事情重要的話，這一點肯定就是。我沒有好理由，可用於推測德州灣生產的價格會繼續上漲，也沒有任何理由，說它不會。我又在賭博，但這一次，至少我像賽馬場的賭客，懂得要注意外表。我的那匹馬——德州灣生產——一直跑贏。這具有某種意義。我決定下注。

我以37¼美元的價格買進。

隔天，價格漲到38美元——每股上漲75美分——而我持有一千股。第一天就賺750美元。

我抱牢不放，心裡喊著：「加油，德州灣生產！」

它繼續緩步上漲——38¼、38¾、39、40。當它

回跌不到1點，我的心跟著沉下去。這真的很像賽馬！等它再次竄到前頭，我忍不住想賣，因為擔心它會再度落後。最後，漲到43¼ 美元，整整賺了 6 點，我覺得，已經賭得夠久了。

我打電話給營業員，要他賣出。我賺到的利潤，扣除手續費和過戶稅，超過5,000美元。

直到那個時候，我還是沒辦法告訴你，德州灣的油井噴出的是石油，還是甲級牛奶，但可以肯定的一件事，是瓊斯羅夫林的虧損收回一半以上。瓊斯羅夫林這家公司的經營基本面，我可是瞭若指掌。

德州灣生產！真的生產出利潤來。這是我所知，十分確定的一件事。當同一股群，基本面同樣吸引人的其他股票牛皮不動，為什麼它會上漲，在我看來，仍然是個完全解不開的謎。

股價上漲無疑一定有它的理由。也許是對這支股票知道得比我能夠知道的還多的內部人（insiders）正在買進；顯然某些人正在進貨，否則價格不會上漲。但我認為，如果有理由的話，一定是我不可能知道的理由，而一旦弄清楚，一切為時已晚。

我考慮購買某些股票時，當然會繼續關心發行公

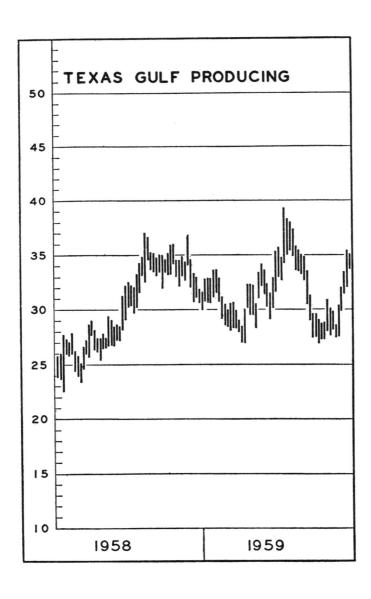

司的實力、展望和財務狀況。但這些因素本身，沒辦法告訴我，買了那些股票，是否可望迅速獲得想要的厚利。

因此，我運用的主要方法，必須是根據市場本身顯現的跡象，也就是從每天的股票價格行情表看到的數字，以及仔細研究先前的價格動向得到的結論，而採取行動。換句話說，我要根據以前的外表和實際的表現，放眼賽馬場，尋找可能勝出的馬。知道如何飼養、訓練、騎師的聲譽、馬吃哪一種燕麥，固然很好，但我的第一守則，是只賭跑在前面的馬。要是牠現露疲態，是的，我會掉頭而去，另找跑在前面的馬。

我還沒找到選取贏家的科學方法，卻已經開始依稀感覺到自己的理論，而且學到重要的一課。簡單的說：

業務歸業務；股票是另一回事。正如我看到的，某個產業或某家公司的業績欣欣向榮，股價卻跌得七葷八素，而且我敢說，相同的事情有可能反過來發生。總之，我看得一清二楚，知道經紀商所推薦，視若珍寶的經濟指標，無一是股市投機的必勝之鑰。

　　關於股市的特質，我已經得到寶貴的線索。我下定決心，將來一定要忘掉我在「美國企業持有的股份」，只從實務面去看股票：它們是什麼，便是什麼。說穿了，它們不過是一座巨大的賭場中的白色、紅色和藍色籌碼。

　　一支股票到底「值」多少？我已經知道，標準普爾和類似的參考手冊不會告訴我答案。就我的目的來說，一支股票的價值，正好等於我買它時必須支付的價格，也正好等於我兌換籌碼時，能夠換到的價格。**天底下沒有好股票和壞股票之分；只有價格上漲的股票和價格下跌的股票。**

　　一支股票，不管和發行它的公司或者它代表的行業可能具有什麼關係，除了它根據供需法則，將在市場賣到的金額，別無什麼內在價值（intrinsic value）。

　　這是就價值論價值，面對市場的務實方法。至少對我來說，它已經用白花花的銀子，證明有很高的價值。那時，我太過忙碌，沒有時間去關心市場理論的問題。我沒問「為什麼？」

　　但從那以後，我徹底重新檢討我的股市哲學，得到一些結論，並且獲得許多專業交易人私底下證實—

一但他們有很好的理由，閉口不談那些結論。

第一是紐約證交所喊出的口號「美國企業有你的一份」，純粹是譁眾取寵的宣傳，目的只是說服美國大眾，拿出它們辛苦掙來的錢，下注在前面說過，那些紅色、白色、藍色的籌碼，也就是所謂企業「股份」的不確定表現上。

第二是泛稱為「股票市場」的那個龐大事業，從營運它的人的角度來看，整個目的是炒熱買賣數量到最高水準，好創造最高的手續費收入。

我不打算無論如何一定要說，企業發行股票，除了作為賭博的籌碼，別無其他的功能。發行股票顯然是新創企業募集資金很有價值的一條管道。在有限的程度內，也是挹注現有企業擴張業務的好方法。

它也是分攤任何企業經營風險的無痛方式，因此愈發顯得珍貴。企業經營成功，當然再好不過。這時它可能宣布發放股利，酬賞股東。相反的，也有可能不這麼做。許多公司，特別是股票在「店頭市場」上市的公司，不曾配發任何股利，令人驚訝不已。

要是企業經營失敗呢？那就忘了它吧。我會買一些印刷精美的股權憑證，證明我為國家經濟盡了一分

心力。我可以留著它們，當作那些賭博日子裡的紀念品。

　　當然了，股票在「大盤」（Big Board；譯註：指紐約證交所）掛牌的公司，經營可能失敗的家數不會太多——紐約證交所是個專屬俱樂部，只有上百萬美元的公司才有資格加入。大部分公司配發股利的頻率相當高；要保有掛牌資格，它們非這麼做不可。可是，縱使如此，我看了紐約證交所本身的紀錄，發現平均值乏善可陳。1961年，在「大盤」掛牌的普通股，平均股利率只有3.3%。把錢存進幾乎任何儲蓄銀行，可以生更多利息。而這還只是真有配發股利的普通股。許多股票根本沒有發放股利。

　　整個程序對發行股票的公司再便利不過了。總結而言，就是華爾街上一句挖苦人的話：「為何破產？因為股票公開上市（Why go broke? Go public）。」

　　這是什麼意思？

　　就我所知，它的意思是說，企業拿到需要的錢之後，便可以愛怎麼花就怎麼花，不需要負擔償還的義務——永遠不必。承銷商拿到發行股票的抽成或手續費（或兩者兼而有之）。經手那支股票所有後續交易

的證券經紀商，賺到手續費。投資大眾則拿到「股票」（shares；也就是籌碼）去賭博——當然是要賭別人會給你利潤，也就是用高一點的價錢，把股票賣給第三人，如此展開永無止盡的投機。

這便是我發現到的，股票市場整個故事的本質。就像南海泡沫（South Sea Bubble）、荷蘭的鬱金香交易狂熱、龐奇（Ponzi）大騙案、經濟大蕭條時期的連鎖信，都是靠一件事情——信念——來維持動力。有時這條環鍊會斷掉，信心盡失，於是整座紙牌屋轟然而垮，華爾街另一次崩盤發生。然後一切從頭來過。

對於像我這樣的投機客來說，幸好有一些因素——龐奇騙案、連鎖信、拉斯維加斯的賭場都找不到這些因素——有助於穩定華爾街品牌的賭博。由於它們，每一次的股市榮景不可避免演變成大跌之後，都能相當快回升。

其中一個因素是，許多小額投資人（以及一些投資大戶）買股票不是為了迅速獲利。他們買股票，是為了領取股利，另有一部分則是作為通貨膨脹的保值工具——理論上，當通貨膨脹導致商品價格上揚，股票的價格也會跟著上漲。這種買盤，為普通股提供了

穩定的市場——尤其是在市場重挫，股價低迷之後。

市場崩跌後，投資信託（investment trusts）通常也相當活躍，在底部進貨，因此有助於股價止跌回漲。此外，還有獨立的場內交易員（floor traders）——他們是證交所的經紀會員——其中許多人總是和一般大眾對賭：大眾買進時，他們賣出股票；大眾賣出而導致價格下跌時，他們則買進。

由於後面所說的那件事，華爾街又流傳另一句挖苦人的話：「投資大眾永遠是錯的。」

但經紀業者使出渾身解數，不讓這種話傳到投資大眾耳裡。事實上，華爾街有錢請得起麥迪遜大街的一流廣告文案人才，為它塑造出來的形象，和前面引用的格言恰好相反。我很好奇，想知道他們到底花了多少錢打廣告。

到底花多少錢？美林公司（Merrill Lynch, Pierce, Fenner & Smith Inc.）這家經紀商1962年的廣告和公共關係支出高達336萬美元。該公司這一年年底的財務報告出爐，營業收入減退，因為市場成交量低於前一年。於是美林緊接著宣布，計畫1963年提高廣告預算100萬美元！

　　廣告真的有效。少了廣告，民眾參與市場的熱度便冷得多。而少了民眾，交投淡靜，便沒有手續費收入。

　　紐約證交所說，經紀商收取的手續費平均只占1%左右。這指的是買進所謂整數股100股或更多的股票收取的手續費。零股交易的手續費比較高。

　　1%這個數字聽起來不多。老實說，我在多倫多第一次進場時，根本不知道介紹給我的那位營業員有收任何手續費。

　　我壓根兒沒想過要問自己，他的利潤從哪裡來。我太過關心自身的利潤，如果有的話；此外，整個市場對我來說，籠罩在神秘的氛圍之中。

　　大體而言，和我有業務往來的營業員都讓我覺得他們樂善好施──樂於幫我的忙，即使給自己製造很大的麻煩也沒有怨言。真是大善人！當我想要買進，或者賣出，他們一定接起電話。他們總是會提出一些建議。其實，我不曾聽過友善的營業員建議「什麼事都別做」或者退場觀望。想聽那樣的建議，未免要求太多。營業員和他們的客戶聯絡員（account executives），就像經營賭場的老闆和莊家，要有生意做才

能賺錢。而在華爾街，那是指手續費收入。

　　營業員或客戶聯絡員和客戶之間很少談起手續費，但大家當然心照不宣。談論營業員賺了多少錢，未免有點失禮——這就像問一個人的家庭醫生：「近來生意如何，大夫？」

　　但我自己算過，也得到這方面能夠獲得的統計數字證實，發現營業員的1%，乘以紐約證交所、美國證交所，以及規模比較小的各區域性證交所（姑且不論龐大的店頭市場），一個星期營業五天，每天成交數百萬股股票，加起來可是數十億美元的大生意。

　　營業員的手續費之於華爾街，有如賭場的「抽成」之於有組織的撲克牌賭局——就像職業發牌員從每一張桌子的中央抽走一點錢那樣。

　　營業員和撲克牌發牌員一樣，總是站在那邊抽頭，你買進的時候抽一點，賣出的時候再抽一點。所以你進出愈頻繁，手續費總額愈多，號子的「頭錢」愈多。

　　現在來談談美國最大的股市賭場，這些錢實際上是怎麼來的。

　　在紐約證交所掛牌的股票，價格從麥迪遜廣場花

園（MADISON SQUARE GARDEN）最近的每股約2美元，到優等石油（SUPERIOR OIL）一股超過1,300美元不等。掛牌股票約1,300檔，現在平均每股約40美元。根據最新的報告，紐約證交所每天的成交量——我講的是100股整數股的交易——約有500萬股換手。

5,000,000股 × \$40 = \$200,000,000

2億美元的1%等於一天手續費200萬美元——除非我算錯。

有算錯嗎？當然算錯了！如果我那賺手續費的營業員朋友從我賣出的股票平均抽走1%，另一位營業員（如果不是同一位的話）也會從買我股票的某個人那裡抽走1%。所以本來的1%成了2%，也就是說，所有股票——對不起，指的是在「大盤」上市的「美國企業股份」——的所有賭博，賭場都要抽頭，結果一年二百五十個交易日，全體經紀業者一天足足賺上400萬美元。

如果扣除不必支付手續費的交易——亦即專員（specialists）、場內交易員、交易所其他會員的買賣——我估計占30%，然後加上並沒有出現在行情表上、占15%的零股交易，手續費金額之高，足以令拉斯維加斯「大道」（Strip）相形失色。

　　這只是「大盤」的數字。美國還有日成交量遠高
於一百萬股的美國證交所，以及十來家規模比較小的
交易所。但它們都比不上未上市股票不低於七萬檔的
所謂店頭市場（over-the-counter market）。

　　我想知道像美林這樣的經紀商，相對於它的客
戶，也就是美國的企業巨擘，獲利數字是高或低。我
找到的數字如下所示：

1961年的企業獲利

MERRILL LYNCH $22,000,000	
Alleghany Ludlum Steel	$11,690,000
American Airlines	7,278,000
American Smelting & Refining	21,420,000
American Viscose Corporation	9,763,000
Chrysler Corporation	11,138,000
Container Corporation of America	18,200,000
Curtiss-Wright	5,970,000
Douglas Aircraft	5,957,000
Great Northern Railway	18,632,000
Hershey Chocolate	19,800,000
Illinois Central	12,715,000
Montgomery Ward	15,859,000
Northern Pacific	16,313,000
Otis Elevator	21,898,000
Philip Morris	21,511,000
Polaroid	8,111,000
Standard Brands	18,715,000
United Airlines	3,693,000
United Fruit	8,921,000
Western Union	12,226,000
Zenith Radio	18,015,000

對美林而言，那1%的手續費很神奇地積沙成塔，1961年的淨利累積高達2,200萬美元。1962年，該公司的淨利只及1961年的一半多一點，理由在公司的年報中講得很明白：5月市場崩跌之後，成交量大幅萎縮。

這家公司有54萬名客戶，員工8,700人，包括2,054名客戶聯絡員，以及125位以上的副總裁，並在一百多個城市設有分處，顯然是世界最大的經紀商。但畢竟它只是許多經紀商裡面的一家──「大賭場」對每一筆交易平均抽1%的手續費，正是使整個行業生氣蓬勃的原因。

美林不是救世軍（Salvation Army），我那友善的證券營業員也不是社會服務工作者。不管他有多麼喜歡你，他的工作是創造手續費收入，而他給的買進、賣出、換股、「平衡你的投資組合」之類的建議，都必須從這一點來判斷。

我發現，賭場的發牌員和證券營業員有個重要的不同點。原來，發牌員通常支領薪水，不介意看到任何人贏錢，只要我們不贏光莊家的錢，害發牌員失業就行。相反的，顧客的買賣金額直接攸關營業員的收

入。如果客戶獲有利潤，那再好不過了。他還會再回來。對營業員來說，重要的是要有交投活動──顧客買進、賣出，以及支付手續費。

我學到另一件事。搶進殺出市場，賺取蠅頭小利，十分刺激──我進出個不停，感覺自己在做重要的大事情，而興奮不已。沒什麼事情比這更令我的營業員高興；他從來不會說不要換股操作。但我發現，即使操作股票有賺錢，結算下來，還是賠本。

在我學會約束自己之前，曾有好幾次的經驗，迅速進出，搶賺一兩點的小利，到了月底結算，把操作成本算進去，結果不賺反賠。

就算是誠實的發牌員，也有給錯建議的時候，可是談到這一點，我認識的一些營業員更不可靠，因為他們有自己的算盤要打。

舉個例子來說。1955年，我剛進紐約股市操作，卻因一個表演邀約，必須到外地一個月。我很信任那時經手股票交易的一位營業員，決定授權他代為操作價值一萬美元的帳戶。我告訴他，由他全權處理。

他確實這麼做了。戰後那一年，鋁業股當紅，在市場舉足輕重。鋁是將來的金屬！每一樣東西都要用

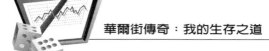

它來製造——不只飛機，連建築物、汽車、家具、嬰兒車，就我所知，撞球也是。整個世界將用鋁來改頭換面。這個題材使鋁業股的價格一飛沖天。

史密斯買了鋁業股，然後賣出。之後他又改變心意，把它買回來。一個月後我回來，發現他替我做了下面的交易：

49美元買進凱撒鋁業（KAISER ALUMINUM），51美元賣出，短暫跌到48美元時買回，49美元再賣出，捨棄鋁業股，改買先靈公司（SCHERING COR-PORATION；製藥股），進價22美元，28美元賣出，回頭再以60美元買凱撒，62美元賣出，然後重買先靈，再賺兩點的小利，然後又賣出——而凱撒和先靈正一路往上衝刺，看不到盡頭！

同時，叫我洩氣的是，史密斯拿那一萬美元中的一部分，買他喜歡的一支鐵路股。進價是28美元，一路下跌到27、26、25、24美元……還抱牢不放。

他總共替我做了約四十筆買賣，持續上漲的兩支股票，竟然時進時出，跌個不停的一支股票卻死抱不放。我回來時，凱撒和先靈已經脫手，卻還持有仍在下跌的那支鐵路股。我必須指示他賣，他才肯拋出。

即使到那時候，他還不以為然，辯稱：「別愁，它會漲回來的。」

他賣掉鋁業股和製藥股的理由，是為了「獲利了結」。相反的，抱著下跌不停的鐵路股不放，是因為不想害我發生損失！

其實，整個結算下來，我有賺到錢──約300美元。

史密斯整個結算下來，也賺到了錢。他的手續費收入總共是3,000美元。

如果他買進凱撒鋁業，然後抱牢，情況就會倒轉過來。那位營業員賺到的手續費將是150美元，而他原本賺到的3,000美元是我的。

也許另一位證券營業員經手我的帳戶時，會更以我的利益為重，少盤算自身的利益。但是，就像我說過的，營業員的工作是創造手續費收入，你真的不能奢望他將你的利益放到他的需要之前。

「你不會因為獲利了結而破產」這句華爾街名言，正確無誤──對發牌員或營業員來說。史密斯讓我相信這句話說得一點都不假。

他也為我上了一課，我因此給自己訂下準則，來

日受益匪淺。

　　我絕不在一支股票正在上漲的時候賣它。為什麼要甩掉跑贏的馬？而且，我絕不持有跌個不停的股票。為什麼要死抱賠錢股？等他跑到前頭，再騎也不遲。

第**3**章

莊家

　　和所有的賭博，以及涉及金錢與風險因素的其他幾乎每一樣東西一樣，股市也可以動手腳。

　　正如莊家曾經出老千被逮個正著，華爾街上一些大人物也因為做出齷齪不堪的醜事，摔個大跟頭。一家交易所經紀公司的總裁理查・惠特尼（Richard Whitney）誇張其辭，形容證交所是「完美的機構、天賜的市場」。惠特尼可能太早樂昏頭。他後來因為「挪用」顧客566萬2000美元的資金，紐約證交所暫停他的經紀公司參與交易。

　　但是賭場的經營者和華爾街的經營者，都深信自己有能力，也有權利查察自家場內的事務。三十年來，華爾街相當平安，很少聽到有重大的醜聞發生。經紀業強而有力的公共關係炮陣，大致成功地粉飾比較小的醜聞，維護和美化這一行異常體面的形象。

　　證券管理委員會（Securities and Exchange Commission）自1934年以來，一直被被人看成是「華爾街的看門狗」。華爾街從來不曾真正適應這個觀念。就像威爾・羅傑斯（Will Rogers）說的：「街上的孩子當然不喜歡轉角有警察盯著。」但是證管會在報告體系內影響數百萬投資人財富的重大疏失時，也

小心翼翼，不敢損害大眾對股票市場這個機制懷有的信心。

　　不過，檢視證管會近來對市場發表的報告，或者它不計其數的個別調查檔案，你會發現的確發生過許多不軌情事。是不是有任何方法能夠制止不法，我個人相當懷疑。市場上「買者自行當心」的警語，換到華爾街，應該改成賭客自行當心。

　　市場炒作（market rigging）的行為，對我早年在華爾街的經驗，的確產生若干影響。

　　我在紐約市場的頭幾年，曾在美國證交所大量買進和賣出。美國證交所的規模小於紐約證交所，卻仍然是美國第二重要的市場。它吸引人的一個地方，是有範圍很廣的低價股可買。

　　我和市場上的許多業餘交易人一樣，打著這樣的如意算盤：可用於投資的錢有限，何不盡我所能，買到儘量多的股數？

　　在我看來，便宜股票上漲的機率，和昂貴的股票相比，就算沒有比較高，至少也一樣高，因為可能買它們的人比較多。以10美元買進1,000股股票，即使只上漲1點（這樣的漲幅看起來並不大），也有1,000美元

的利潤進帳，而同樣投資10,000美元，買每股100美元的股票100股，上漲1點的利潤卻不值錢。

事實證明，我是隨著錯誤的音樂起舞。我的推理，只是承續當初在加拿大投資低價股的經驗。事實上，不管什麼時候，績優股（blue chips）的交投都遠比所謂的「便宜股」（bargains）熱絡。此外，買賣價格比較貴的股票，手續費可以省下不少。我做成的結論是：華爾街和其他地方一樣，零零星星的小錢加起來嚇死人。

這是後話，暫且不提。總之，我開始在美國證交所交易，和那段期間成千上萬滿懷希望的其他小額投資人一樣，完全沒有意識到我下賭的目標，和被動個手腳的輪盤一樣險惡。

真的，算我走運。沒錯，整體而言，我的操作沒有賺到大錢。但從另一方面來說，前後好幾年的一段期間，我下賭其上的一些股票，有些刻意設局坑人（後來證明的確如此），我卻僥倖逃過，沒有遭受嚴重的傷害。

其中包括：

銀溪精密公司（SILVER CREEK PRECISION

CORPORATION）

　　湯普森史泰瑞特公司（THOMPSON-STARRETT CO., INC.）

　　美國伺服公司（SERVO CORPORATION OF AMERICA）

　　史旺芬奇石油公司（SWAN FINCH OIL CORPO-RATION）

　　提到這些公司，你有想起什麼嗎？上面列出的股票，有個共同點。它們都是美國證交所的傑拉德・A・〔傑瑞〕・雷（Gerard A. [Jerry] Re）和傑拉德・F・雷（Gerard F. Re）這對父子檔專員經手交易的。史旺芬奇多了一個特點，那就是曾經被金融天才和炒股高手洛爾・畢勒爾（Lowell Birrell）炒作過。據說畢勒爾比股票市場歷史上其他任何騙徒，掠奪更多的公司和更多的金錢。

　　畢勒爾人在里約（Rio）。

　　至於雷氏父子，他們的活動沒那麼惹人注目，和美國證交所的關係卻遠比畢勒爾密切，而且可能影響更廣範圍股票的更多投資人。這些股票如果沒有雷氏父子點頭和參與，壓根兒買不到或賣不掉。

史旺芬奇是個典型的例子，引人特別感興趣，因為從它可以管窺股市營業員兼專員所扮演的角色——這種人正是華爾街賭場的莊家。

我發現專員在市場上扮演十分重要的角色。

抽佣營業員（commission broker）和他們的「顧客人」（customers' men），有如賭場中的發牌員，直接和大眾業務往來。他們是證交所的會員，或者和營業員會員有聯繫，能為像我這種顧客操作我沒辦法做的事，那就是在交易所的營業廳買賣股票。他們提供這種服務，十分重要的一件事，當然是抽手續費。

但他們不是單槍匹馬執行這種服務。專員會在這個時候現身——再加上收費為其他營業員執行委託單的兩元營業員（two-dollar broker），以及透過抽佣營業員，用自己的帳戶整買零賣的零股營業員（odd-lot broker）。

專員既操作本身的帳戶，也對其他的營業員提供服務。他之所以稱作專員，是因為「專營」數目有限的股票，享有這些股票的專屬買賣特權。身為交易所的會員，他的傳統功能，是維持他交易的股票有個平衡的市場。這個意思是說，有需求存在的時候，他必

須出售股票——即使需要從他本身的帳戶拿出來賣。缺乏外部的買單時，則必須買進——即使需要動用本身的帳戶去買。

在這方面，他對市場的價值，是作為避震器，以免熱門股票發生暫時性的籌碼不足，把價格推升到不合理的高價，以及相反的，在某支股票的賣單遞出，卻缺乏買盤承接時，防止價格突然不合理地下跌。

這件事情十分重要。當然了，這給了專員很大的權力。他的「帳簿」（book）裡，記錄著各種股票的賣出價格，還有另一張清單，則寫著買單價格。專員如果唯利是圖，便有許多上下其手的操縱機會，把錢放進自己的口袋裡面。

比方說，他從自己的紀錄可以知道，一張所謂的「停損」（stop-loss）賣單將引發其他停損賣單執行的價位水準是多少，以及這一連串的賣單湧出，會使一支股票的價格跌到多低。對於想從放空大賺一筆的交易人來說，這種資訊極其寶貴。放空是指借來股票，依目前的報價賣出，等到價格下跌，再把股票買回來歸還。前後兩次價格的差異，便是獲利。

放空者根據自己對價格趨勢的研判而採取行動，

但說穿了，只不過是在賭價格會下跌。不過，如果交易人看了專員的「帳簿」，所以知道有多少賣單等在那邊，以及賣價是多少，便不再是賭博。他賭的是肯定會發生的事。由於這個理由，專員嚴禁攤開他的帳簿給任何未獲授權的人看。另外還有其他許多規定，規範他本身的自營帳戶如何交易，以防他利用內線知識，享有不公平的優勢。

儘管有這些規定，我們知道，有些專員有時根本不予理會。事實上，證管會所作的研究指出，市場炒作的行為，共犯幾乎總少不了專員。

證管會的檔案所說的雷氏父子與薩加瑞斯（Sagarese）一案，傑瑞・雷和他兒子扮演的角色，是配售成千上萬未經登記的股票。這是歷年來最嚴重的股票攙水（stock-watering）案件之一。

洛爾・畢勒爾1954年收購史旺芬奇公司11,682股的普通股，約為當時流通在外普通股股數的三分之一，足以取得控制權。

就他的目的來說，史旺芬奇十分重要。這是一家老公司，股票長久以來在美國證交所交易。此外，它享有未掛牌公司的交易特權。這個意思是說，它和其

他大部分公司不同，不必像掛牌股票那樣定期發表報告，包括和發行新股有關的報表。

畢勒爾忙著開始推展史旺芬奇的擴張計畫，連續收購一些公司。收購其他公司的錢，是從史旺芬奇新發行的股票而來。如果新股曾經依證券交易法（Securities and Exchange Act）的充分揭露規定，向證管會登記，一般大眾一定能夠保住很多錢。

畢勒爾控制史旺芬奇之後不久，傑瑞·雷和他兒子被指定為這支股票的專員。在這之前，是由另一位營業員兼專員負責處理。而且，大約同一時間，名叫查理·葛蘭德（Charlie Grande）的一位馴馬師，在經紀商約瑟芬哈公司（Josephthal & Company）開了帳戶。

幾乎轉眼之間，不曾有過公開紀錄、新發行的史旺芬奇股票，開始流入市場。這個過程中，雷氏父子是配售商，查理·葛蘭德則是名義上的賣方。

葛蘭德起初有五千股史旺芬奇的股票。而且，證管會後來發現，雷氏父子同一時間取得五千股股票。證管會表示，這些交易是由賓恩火災保險公司（Penn Fire Insurance Company）提供融資。奇怪的是，後來

發現洛爾‧畢勒爾就是賓恩火險公司！也就是說，向畢勒爾買進的股票，是由畢勒爾提供融資。金錢是不是真的轉手則存疑。

總之，這一萬股股票，只是滄海一粟。在這之後，史旺芬奇的普通股，像夏天的果蠅一樣飛增，巨量的新發行股票開始透過馴馬師葛蘭德和雷氏父子的專員櫃檯動起來，進入交易所和流入一般大眾手中。

兩年半的時間內，史旺芬奇本來只有3萬5000股的普通股，增加為201萬6566股。這些股票中，從1954年7月到1957年4月左右，雷氏父子配售的股票不少於57萬8000股，市價合計超過300萬美元。另外有48萬1900股或177萬6099美元流經葛蘭德的帳戶。（他後來作證說，他帶著約8,000美元離開市場。）

1956年12月18日起短短兩個月內，葛蘭德是44萬1000股史旺芬奇股票名義上的賣方，經由他的朋友雷氏父子賣出。在此同時，其他的股票也從十七個以上的其他帳戶流出。證管會說，那些帳戶是傑瑞‧雷和他兒子控制的人頭帳戶。證管會又說，在市場上交易的股票，源頭大多可以直接或間接追溯到畢勒爾。那些股票都沒有登記。

　　史旺芬奇公司享有的未掛牌交易特權，到這個時候，意義便很清楚——如果以前並不清楚的話。要是畢勒爾必須依照一般的規定，發表財務報告，那麼他的股票攙水操作規模之大，馬上無所遁形，價格勢必跌得一文不值。

　　為了支撐價格，他們可是煞費苦心。

　　從葛蘭德在證管會的證詞，可以看出他們運用的方法：

問：這麼說，你用16⅞美元的價格賣出75股的股票（史旺芬奇），然後用16⅞美元的價格買進75股，每次的金額都相同。

答：沒錯。

問：為什麼要做那種事？

答：那時我做過許多蠢事。

問：你可能有什麼理由，需要做那種交易？

答：現在沒辦法給你答案。我甚至不知道為什麼要那麼做，但我確實做了，而且覺得其樂無比。

　　在葛蘭德享樂的同時，雷氏父子和畢勒爾則大賺其錢。雷氏父子經手銷售的史旺芬奇股票總計300萬美元，畢勒爾則想必有抽頭。但是經由雷氏父子發售

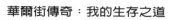

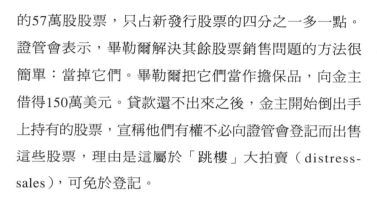

的57萬股股票，只占新發行股票的四分之一多一點。證管會表示，畢勒爾解決其餘股票銷售問題的方法很簡單：當掉它們。畢勒爾把它們當作擔保品，向金主借得150萬美元。貸款還不出來之後，金主開始倒出手上持有的股票，宣稱他們有權不必向證管會登記而出售這些股票，理由是這屬於「跳樓」大拍賣（distress-sales），可免於登記。

證管會駁回那種說法，實際上等於指控金主就是這宗不法股票發售案的中間人。但是要到1957年4月，美國證交所才終於暫停史旺芬奇股票的所有交易。再過一年半，雷氏父子因為涉案而遭到薄懲，僅僅停止交易三十天，而且只影響老雷。即使那個時候，也懂得把停止交易的期間，安排得正好碰上傑瑞·雷每年1月去佛羅里達州度假的時候。

在美國證交所從上到下經過一番調查之後，雷氏父子很久以後才遭到起訴。調查發現，交易所的會員，絕不止這兩位專員參與有問題的交易。

證管會的紀錄指出，有許多場內交易員參與，和雷氏父子共同炒作湯普森史泰瑞特的股票，目的是推高二次發行的股票價格。其他十來支股票也發現類似

的手法——華爾街的術語叫「粉飾行情」（painting the tape）。它們不是孤立的個案，而是多年來常見的做法。

1961年12月，美國證交所總裁愛德華・麥科米克（Edward McCormick）在交相指責之下辭職，影響美國第二大證交所的真正病因才凸顯出來。

麥科米克九個月前自稱是「華爾街的悍警」，並且吹噓美國證交所是「世界上紀律維持最好的證交所」，卻在下面所說的事情曝光之後，辭去年薪高達75,000美元的職位：

1. 他捲入無數的直接利益衝突中，包括用自己的帳戶買進想取得美國證交所掛牌特權的公司股票，其中也包括雷氏父子推薦的股票。

2. 1955年，這位美國證交所總裁在哈瓦那（Havana）接受被判有罪的股票詐欺犯亞歷山大・古特瑪（Alexander Guterma）招待，並且允許古特瑪代墊5,000美元的賭債。古特瑪是畢勒爾的同夥。畢勒爾有一段時間將總部設在古巴。

那個時候，古特瑪和兩位賭徒合夥控制的一家公司，正想在美國證交所掛牌。雖然他最後未能如願，這個事實卻救不了麥科米克的名聲，人們還是覺得他

缺乏良好的判斷力。這件事也沒有令一般大眾放心，因為他們不久又看到更完整的報告，曉得美國證交所發生的種種異常狀況。這份報告來自一項調查行動，而這項調查行動只是國會撥款75萬美元，全面清查整個股市的序曲。

關於麥科米克，順便提一件事。一天晚上，用餐前，我獨自一人在魯本點雞尾酒喝，竟然發現麥科米克就在身邊。

令我吃驚的是，這位美國證交所總裁滿臉通紅，一副兇樣，咄咄逼人對我大嚷：「我知道你是誰！就是那個說自己在股票市場賺了兩百萬美元的傢伙。我要你知道——」他的聲音提得更高，「你那本該死的書，對市場造成多大的傷害。」

我本來不明白他到底在說些什麼，接著恍然大悟。《我如何在股市賺進二百萬美元》一書狂銷，任何證交所官員應該高興才對，因為就像任何在市場賺錢的成功故事那樣，這本書刺激了本來不買股票的人對股票產生興趣。不過，有個反應是始料未及的。由於我在書內揭露了我運用停損單的事實，結果這種委託單如雪片般湧進。

　　這件事產生的影響──不是一次，而是發生好多次──是當一支股票的價格下跌，一張停損單觸動另一張停損單，於是引爆賣盤殺出的連鎖反應。

　　這一來，價格急轉直下，一次跌掉八分之一點，或甚至四分之一點，直到專員「帳簿」上累積的停損單全部出清為止。接著，當然了，隨著交易人回補空頭部位，以及撿便宜貨的人開始進場承接，價格會再次上漲。

　　像美國證交所那樣的市場，和「大盤」相比，成交量相對較低，波動那麼快而反常，是不受歡迎的。

　　真正的原因當然在於這種波動，使得營業員講得天花亂墜的股票「價值」，成了胡說八道，並且暴露市場的真面目──賭場。

　　我的書出版之後，造成的一個直接結果，是美國證交所的高階主管不得不決定暫停使用停損單──而且一直停用到今天。（你還是可以在紐約證交所下這種單子，但即使是「大盤」，偶爾也會在累積的停損單太多時，暫停某支股票接停損單。）

　　麥科米克顯然不把我當朋友。他繼續咆哮如雷，我試著讓他冷靜下來，不但沒用，反而愈弄愈糟。最

後只好直截了當告訴他：「麥科米克先生，拜託了，你弄得大家都往這邊看。我來這裡，只想靜靜地喝上一杯，直到喝完。趁我沒發火之前，趕緊滾吧。」

「華爾街的悍警」一語不發，瞪著我一會兒，悻悻然轉身離開。身為特技表演舞者有個好處，那就是身材保持得相當健壯。

酒吧的這件事發生在1961年10月。兩個月後，我看到麥科米克辭職的消息，不禁納悶：他說「破壞」市場的人到底是誰？

我談股票攙水和股票炒作的問題，不是只為了針對市場說教。幾乎任何一種賭博，只要利害得失夠高，都難免發生炒作的問題。股票市場基本上是一種賭博，賭注和彩金高達數百十億美元。

自1929年華爾街大崩盤，設立證管會以來，便有許多法令規定加諸證券經紀業──華爾街當然總是激烈反對。以前敵視證管會的經紀商，現在視它的存在為一種有利的廣告宣傳，足以令大眾放心，覺得股票賭博是高尚的行為。而且，雖然有些做法以前合法，現在不合法，但是真正改變的並不多。證管會最近的一些報告清楚地指出這一點。

　　真想要炒作市場，只要交易人之間有個默契，知道大家是「同夥」（pool），開始「掛名」交易就行，所以在「行情被粉飾」（tape is painted）的時候，幾乎察覺不出來。我相信，再怎麼立法或者查察都沒辦法使它消聲匿跡。

　　我自己作成的結論是，對投資人來說，那真的沒有太大的差別。就像我後來發現的──所有的股票「價值」，都是人為製造的──炒作之下產生的價格波動，和供需自然發生的價格波動，兩者之間實際上沒什麼差別。不管是哪一種狀況，行情表上的價格變動，看起來都一樣。

　　場內交易員和認真的投機客──我覺得自己是其中一員，因為我並沒有把錢看得那麼重──是以善用「停損」單的方式來保護自己。這種委託單是經由營業員下給專員。當股票的價格跌到預定的水準，停損單就會把你的股票賣掉。

　　使用自動執行的停損單，和我發現（如果你喜歡的話，可以說成是「發展」）「箱形」理論，關係十分密切。我靠「箱形」理論，後來在股票市場賺進二百萬美元以上。

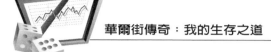
那時我在美國證交所操作股票，箱形理論還不到完美的境地。但我已經知道，保護自己，不受我的股票價格出乎意料下跌的傷害，是極其重要的一件事。而且我發現，要保護自己，不致蒙受嚴重的損失，停損單百分之九十九絕對有其必要；但我們沒辦法百分之百肯定停損單正好依指定的價格執行。有時賣單的數量太大，我下的單子只是許多單子裡面的一張。

現在要提到，為什麼前幾頁談的主題是股票炒作。我在美國證交所操作的那段期間，投機性進出許多股票，卻不知道它們被人炒作。在行情表上，它們和其他任何股票一樣，處於上升趨勢。史旺芬奇便是這樣一支股票。我買它的時候，它幾乎已經被炒到最高價，幾天之後，價格崩跌時自動賣出。由於下了停損單，我的虧損微不足道。

湯普森史泰瑞特的型態相同。

史旺芬奇和湯普森史泰瑞特跌得灰頭土臉。要不是我已經發展出一些防範措施，它們的暴跌走勢，一定害我損失不貲。

每一次的保命因素，都是我已經學會使用停損單，曉得它的重要性。我從早先的經驗學會用它，以

求保住大部分的獲利。我是在股價上漲時，不斷將停損點往上移動。

舉例來說，我的紀錄顯示1959年12月，我買了1,000股的伯恩化學（BORNE CHEMICAL），進價是28美元。之後，它穩定漲到34、36、39美元，我在上升趨勢持續途中，先將停損點設在31，然後是32，接著是37美元。

隔年1月，伯恩化學漲到39 $\frac{1}{2}$ 美元，然後突然開始下跌。我在37美元的價位自動賣出。扣掉買進和賣出手續費，獲利是8,750美元。

我熟識的一位營業員告訴我，大約那個時候，這支股票有人「作價」（sponsored），要是我能在正確的時候脫手，買它可就買對了。這是不是真有其事，或者只是投機客在華爾街經常聽到的許多謠傳中的一個，我無從得知。但可以確定的是，伯恩化學跌個不停。寫這段文字時，它的價格約為5 $\frac{1}{2}$ 美元。

我在美國證交所獲有利潤的其他股票包括：

快捷相機（FAIRCHILD CAMERA）

通用發展（GENERAL DEVELOPMENT）

萬國控制（UNIVERSAL CONTROLS）

　　買伯恩化學的時候，28,000美元的投資，對我來說根本不算大。

　　當時我持有的股票，還有1958年以$35\frac{1}{4}$到40美元，買進的6,000股萬國控制（那時稱作萬國產品〔UNIVERSAL PRODUCTS〕）。其實我只買了3,000股，但就在我買進之後不久，股票從一股分割成兩股，我持有的股數便加倍。1959年3月，本來就節節上漲的新股，突然從66美元漲到102美元，然後——也一樣是突然之間——走勢逆轉。

　　跌勢展開之後，我急忙將停損點提高到上一個報價，並且立刻賣出，賣價介於$86\frac{1}{4}$到$89\frac{3}{4}$美元，比最高價低12點，但即使如此，我的平均賣價仍然是進價的兩倍多，淨獲利是40萬9000美元。

　　這只是那段期間許多巨額交易中的一件。我也有過虧損，這沒什麼好驚訝的。發生損失的股票包括：

美國汽車（AMERICAN MOTORS）$5,844

名址輪轉印刷機（ADDRESSOGRAPH-MULTI-GRAPH）$4,453

美國頂尖金屬（AMERICAN METALS-CLIMAX）

$7,487

其實，每一個字母開頭的股票，我似乎都有過損失，從伯巴科（BRUNSWICK-BALKE-COLLENDER）虧損5,447美元，到華納藍伯（WARNER-LAMBERT）虧損3,861美元，損失加起來可不少。

但是在此同時，我修的股市賭博這門藝術，拿到了碩士學位；而且，就算有些損失令人心痛不已，我還是能在繳了學費之後，還留下一點錢。

上面所說的虧損──以及其他的虧損──是因為我起先太過自信，後來又因為過度絕望，而捨棄我當初大賺時所用的方法造成的。一旦我精通那些方法，便賺進大把鈔票。

後來在美國證交所造成醜聞的市場炒作，不能說真的對我發生很大的影響。要說美國證交所慢慢失去原先對我的吸引力，那是因為我不再尋找當初吸引我到那邊的「便宜貨」。我已經學到一個教訓：股票市場的便宜貨，總是需要付出昂貴的代價。

我買的股票價格愈低，支付的手續費率愈高。紐約證交所說它的「平均」手續費是1%，但撿便宜貨的人其實必須支付遠比這個數字要高的手續費。

舉個極端的例子來說，一股1美元的股票，一百

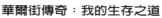

股的整數股交易，經紀商收的手續費是6美元，費率高達6%。如果我有10,000美元可以投資，全數投入每股1美元的股票，我的總手續費是：

每100股6美元＝600美元

為了簡單起見，假設股價持平不變，而我決定賣出，那麼又得再繳600美元的手續費。來回共計支出1,200美元，或者我的資金一口氣少掉12%。再加上稅負，以那種燒錢的速度，我在「大賭場」能玩多久？

相反的，假使我拿同樣這10,000美元，去買我買得起，每股達100美元，價格最高的股票100股。買這支股票的手續費只要49美元，賣出時再繳49美元，合計98美元。相差很大，不是嗎？

這些手續費數字說明了我學到的一課（其他所有的因素都相同的話）──我要買有能力買到的最貴股票，而且要買整數。

我經歷過所有常見的誘惑。營業員老是在談的低價成長股如何？在市場暫時走軟之際，價格跟著下跌，但一定會隨著大盤好轉而回升的那些高品質股票又如何？

　總有人迫不及待想告訴我，要是我三十年前以每

股5美元的價格，買了通用汽車，然後抱牢股票，經過幾次股票分割，現在一股變成六股，而且價格漲為81美元，不知會多麼有錢。

要是三十年前，我有夠多的錢可以投資，而且能等那麼久，它的確是很好的成長股。不過，我總用一句話來反駁通用汽車的例子：「是啊，沒錯，可是紐約中央鐵路怎麼說呢？1929年它漲到每股259美元，現在，經過三十四年，價格只剩21⅞美元，而且股票不曾分割。」

說真的，我的走勢圖冊裡，隨便一翻都找得到不曾重見天價的股票；而且，今天每有一家揚眉吐氣的老公司，便有另外兩家已經關門大吉。偶爾會有一位電影老明星復出。但那只是偶爾而已。在此同時，有多少過氣的老演員只能待在家裡緬懷往事？

我記憶中的成長股，表現沒有比較好。還記得1950年代初的鈾熱潮嗎？在那之後，擁有鈾開採租約，名稱也帶有未來性的公司，已有約五百家停業。它們的股票當時都是便宜貨，價格很低。

玩具氣球也一樣──便宜且漂亮，但一戳就破。

同樣的，我發現，不是所有的高價股都是好貨。

91

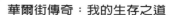

經驗告訴我，單看價格就買股票或者其他任何東西，是很蠢的行為。紐約中央鐵路曾經是績優股，其他許多公司現在也都垂垂老矣，價格愈來愈便宜。

艾爾可產品（ALCO PRODUCTS）1929年漲到136美元，1937年跌為59美元，現在只賣23美元左右，仍在等候反彈。

安納康達銅業（ANACONDA COPPER）1929年升抵175美元的天價；現在只剩52½ 美元。

寶來公司（BURROUGHS CORPORATION）曾經看到113美元的價格；今天只有23美元左右。

美國冶煉（U.S. SMELTING）的價格曾有131美元。今年一度激漲，但過去131美元的價位有再看到嗎？

回升之路可能十分漫長且崎嶇。許多股票跌下去之後，再也沒能爬上來。

所謂的成長股的確偶爾會現身，而且一出現便能讓人大賺一筆。這一點，我知道得十分清楚。但是昨天的魅力股，例如彩色膠片成為電影業的標準器材之前紅透一片天的特藝彩色（TECHNICOLOR），後來怎麼了？

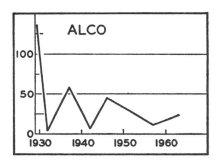

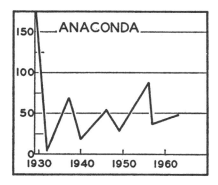

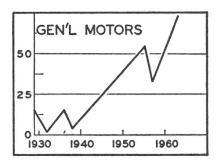

1950年代末，所謂的太空股當紅，選對時間進場和選對時間出場的人，賺了一筆橫財。那時默默無聞，稱作希奧科（THIOKOL）的一家公司，是我賺過最多錢的股票之一。

1958年，我第一次真正大手筆買進1,300股，進價是49⅞美元，獲利了結之後，拿那些錢去買更多希奧科的股權，後來利用最高的融資額度，以及一股分割成三股的好運氣，最後落袋的總獲利高達86萬2000美元。

這才叫做成長！

但這裡要特別指出，我不是趁便宜的時候買希奧科的股票。如果是那樣的話，我大可用19美元的價格買它；但那個時候，我對那些假便宜股懷有戒心。我自己的箱形系統已經發展得相當好，而且希奧科要到突破45美元，看起來似乎會攻上50美元，才開始引起我的興趣。

後來它的確出現那個價位，接下來的漲勢，在股票分割之後持續不斷，將它一路推升到72美元，才開始再次回軟。

進出的時機（timing）很重要，而且和基本面，

或甚至和「成長」本身，一點關係也沒有；它和股票在市場上的走勢有關！

我在68美元的價位脫手——一股分割成三股之後——狠狠賺了一票。

有位朋友犯了錯，差不多在這個時候，才跟隨晚來的股民進場。他的買進價格是65美元，今天仍然「住套房」，數千美元的資金套牢——這支股票目前的價格是19美元左右。

希奧科這家公司本身仍在成長；最近接到一筆重要的政府火箭契約，另外，現在每股股利1.10美元。所有這些，令那位朋友大感振奮。營業員告訴他，這支股票的「價值」顯然遠高於市價，所以勢在必漲。會嗎？

經驗警告我，一支股票的價格和它的盈餘真的無關（除非有夠多的買方恰好認為有關，並且根據他們的信念採取行動）。

預期成長的心理，而非成長本身，是促使投機性交投趨於熱絡，以及能從所謂的成長股賺得厚利的原因。

股票市場的名言是「買低賣高」（Buy cheap,

sell dear）。我卻有自己的一套；當行情表顯示價格將上漲，我會買進，而且絕不後悔——不管是買到低價，還是買到高價都一樣。另外，不管莊家有沒有在輪盤上動手腳，也無所謂。

第**4**章
情報販子

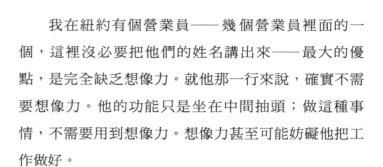

我在紐約有個營業員——幾個營業員裡面的一個，這裡沒必要把他們的姓名講出來——最大的優點，是完全缺乏想像力。就他那一行來說，確實不需要想像力。他的功能只是坐在中間抽頭；做這種事情，不需要用到想像力。想像力甚至可能妨礙他把工作做好。

從我的觀點來說，這個人再理想不過了；因為他非常誠實，不說廢話，我要他做什麼，他就做什麼。我說買進，他就買。我說賣出，他就賣。當我詢問某支股票的價格——他也知道答案。知道答案，他有好處，因為我是不錯的顧客。有時，他從我的交易，每個月賺進高達8,000美元的手續費。

但我有時不懂那個人腦子在想些什麼。他經手我一部分的帳戶已經好幾年，知道我是怎麼操作的。他看過我一天之內賺進多達80,000美元，卻還不相信我告訴他的話。

我的想法，在他看來，什麼都不是。他肯定我一定在什麼地方玩了某種把戲，因為根據他的看法，我的想法大錯特錯。他是靠「買低賣高」的羅思柴爾德準則（Rothschild rule）過活的。雖然和這位營業員來

往那麼多年，卻不曾去過他的辦公室，但我敢說，他一定有把這句座右銘裱框起來，掛在辦公桌上的牆壁。

他也一樣，百分之百覺得我一定瘋了；因為我的做法，剛好和那句座右銘背道而馳——我在股票價格貴的時候買進，一有變便宜的跡象時則賣出。

X先生（我們姑且這麼叫他）似乎壓根兒沒想過我可能是對的。即使看過我賺大錢，他還是打從心底深處相信我根本不對——因為我用的方法違背他虔誠的信念。在他看來，華爾街不是賭場，而是一座教堂，而他是虔誠的信徒。他相信「基本面」（funda-mentals），相信股票是一種投資，相信「美國企業有你的一份」那套胡扯。

說真的，許多股票營業員，也許大部分股票營業員，都和他一樣。他們親眼看到市場怎麼走，卻沒能從他們的觀察得到一些領悟。他們被所屬行業「見山是山，見水是水」那句老話感染得太深。

當然了，不能責怪他們。首先，他們是靠維持賭場不斷運轉而維生，而且，他們出於本能或者理智，知道被狂歡節上的叫賣者吸引過來的呆瓜，變不出什

麼把戲。人在買股票的時候，總是希望說服自己，相信他們買的不只是彩券，所以營業員必須找到或者發明講起來頭頭是道的理由，勸誘他們的顧客從一張彩券換到另一張彩券——如此手續費才會源源不絕滾進。

其次，他們自己也淹沒在排山倒海而來的建議、解釋、理由、預言、宣傳之中。這些東西，是「報馬仔」或情報販子（touts）大軍製造的；他們和勤快的麻雀一樣，是靠華爾街上俯拾皆是的豐富落穗為生。

如果我的X先生是華爾街聖堂的忠實信徒（他的確是這樣的人），那麼這些人就相當於金融圈裡的祭司、江湖郎中、賣蛇油的走唱藝人。他們從年薪高達10萬美元的市場分析師（貴氣閃閃，但人數不多的華爾街顧問師專屬俱樂部中的成員），到每個星期領150美元的經紀公司文案撰稿人（向百萬富翁提建議，自己卻只能到自助餐廳吃午餐）；再往下則是厚顏大膽的市場情報販子，叫賣印在綠色或粉紅色紙張上的「熱門股」或「神秘股」，從每個星期收1美元到一年300或400美元不等。

股票營業員喜歡把自己想成從事高尚的行業，或

甚至博學多聞的行業；麥迪遜大街為他們寫出的廣告文案，大多是強化這種形象。從廣告來判斷，典型的股票營業員有如金融圈裡的喬迪醫生（Dr. Kildare）——關心、親切、內行，隨時準備量測你的經濟脈搏，為你那病情不輕的財富和貧血的錢包開立處方。

這樣的行業，可是負有嚴肅的社會和經濟責任，理該在打廣告的時候，亮出所有的底牌，善盡告知之責。不妨想像，如果醫藥業也如法炮製，結果會是什麼樣子？

「廉價無痛去除面皰！你的血壓太低嗎？試試我們的快速血壓增強計畫。現代的技術和最新的設備，任君使用。截肢超低價，僅限本周！闌尾截除術比以前便宜！每次治療都免費供應抗生素！」

這樣的廣告詞，一定讓人覺得荒腔走板和撟舌不下。但如果我們用嚴肅的態度去看股票經紀業務，把它想成是一種社會服務，而不只是賭場的外圍組織，那麼「閣下最近作了肝臟檢查嗎？」，和邀請你「寫信來免費分析你的投資組合」，這兩種廣告詞難道有什麼不同？

兩者的差別，在於如果你有辦法的話，當然不會

拿自己的健康去賭。但你會拿自己的錢去賭，而這就是股票「投資」的意思。可嘆的是，在賭場提供建議的人，通常不是很懂賭博。他們的業務是收取手續費。如果是提供報明牌服務，則需要收費替人解疑。

不久前我注意到，有人提供一種諮詢顧問服務，說他每個星期發行的市場快報，涵蓋「所有的金融面向」。其實，它全部的服務，是經由第五街的一個郵筒供應的。實際的營運據點，也就是宣稱檢視整個金融世界所有動向的地方，是用負責人的起居室充當。他女朋友在那裡非常勤快地操作一具滾筒油印機，和用口水舔郵票。

提供那項服務的經營者，付不起錢租辦公室。他全部的生意經，就裝在帽子裡隨身攜帶。如果他的市場預測真有那個價值，肯定留著自己採取行動，才不會接受試訂六個星期，只賣2美元。

這種情形並非不常見。第一個提供市場祕密消息的，是伊甸園那隻蛇。他針對蘋果期貨給的建議，似乎為後來的世世代代，直到今天，奠下了固定的型態。

對叫賣消息的人來說，值得欣慰的是，任何便宜

貨，即使一文不值，十之八九都有人會買。我必須坦
承，三不五時，我也會試用廣告宣傳中的幾乎每一種
服務。

它們大多講得天花亂墜，但當我去分析它們告訴
我的事情，卻發現不可能得到具體明確的資訊。「遇
反轉買進」。說得沒錯，但什麼時候開始反轉？我應
該在什麼價位進場？我應該什麼時候賣出？關於「成
長股」、「迅速獲利的股票」等，不同的建議往往南
轅北轍。某家服務公司看好的，另一家服務公司卻看
壞。還有一種預測服務，提供的東西，是其他預測者
的共識——就像《晨間電報》（Morning Telegraph）賽
馬表的「共識」（Consensus）欄那樣。

我買的一些股票，損失慘重——或者，如果繼續
依照那些情報販子的建議去做，肯定損失不貲。舉例
來說，一家公司強力推薦愛默生無線（EMERSON
RADIO），而且用各式各樣的圖表和深奧難懂的技術面
分析，幾乎證明這支股票雖然當時只賣12美元左右，卻
輕而易舉就有30美元或更高的「身價」。我以12$\frac{1}{2}$美元
的「便宜」價格買進，卻夠聰明或者夠幸運，在它開始
下跌的時候趕緊脫手。到了年底，它的價格只剩5$\frac{3}{4}$美

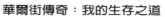

元。那是1956年的事。1963年，它的價格約為9美元。如果今天聽到有家明牌服務社說，這家公司樣樣事情都屬利多，價格肯定上漲，我一點都不驚訝。我不懷疑終有一天它可能上漲。不過，是什麼時候？我的錢必須套牢多久，才能等到那美好的一天好不容易到來？

1957年在東京操作的時候，我從往來經紀商那裡，接到一家知名諮詢服務社連續三份每周市場快報——都強烈敦促訂戶倒出羅瑞拉德（LORILLARD）。那時我投資這支股票很多錢。大部分持股，是在35美元和36½美元之間買進。諮詢服務社建議賣出時，它的價格是44美元。當我終於全部賣光，平均價格是57⅜美元，獲利超過21,000美元。

如果我聽信紐約看水晶球的人之言，獲利會少掉約17,000美元。幸好那時我的箱形理論已經開始運用，在那支股票停止為我賺錢之前，我不想賣掉它。

市場預測者有本身的一套賺錢方式，但我們敢說，大部分時候，他們絕對不會聽信自己的建議去做。那些建議是講給賭博大眾聽的。由於這些賭博大眾，市場上的明牌，是一個星期或者一年價值高達數百萬美

元的行業。

　平心而論，有些服務社的確用心提供合理的價值給顧客，而且成功做到這一點。它們將技術面工具提供給顧客，去觀察市場、繪製個股走勢圖、比較成本和盈餘等等。但是明牌服務社另有自己的盤算，而且這絕對不是聞所未聞之事。

　老牌市場分析師法蘭克・佩森・托德（Frank Payson Todd），是這方面一個很好的例子。他出版一份投資顧問刊物，稱作「新英格蘭顧問師」（The New England Counsellor）。

　1955年，大約在我踏進華爾街大門的時候，托德正投入評估加拿大標槍（CANADIAN JAVELIN）的財務計畫，收費500美元。

　之後不久，托德成了這家公司的股東，向加拿大標槍的一些高階主管，用他們的錢70,500美元，買了17,000股。根據證管會的紀錄，購買價格是用提供給托德的無擔保貸款支付的。是不是真的有任何現金轉手則不清楚。總之，托德拿到股票，公司的一些高階主管則取得他的借據。

　托德一成為加拿大標槍的股東，他的幾百位新聞

信訂戶就開始從「新英格蘭顧問師」，聽到加拿大標槍股票妙不可言的利多消息。

托德認為，他（現在）看好的這支股票，迫切需要趕緊投資，郵局的服務卻嫌太慢，於是經由電報，發出加拿大標槍的特別報告。證管會表示，加拿大標槍的一位高階主管拿出3,700美元，協助拍發這些令人眉開眼笑的大好訊息。

由於這些利多報導，一段短暫的時間內，加拿大標槍的股價大漲。這支股票仍在美國證交所掛牌交易，但是作價主力托德已經被趕出情報販賣業，在證管會的註冊資格，也因為嚴重違反投資顧問的道德規範，1960年遭到撤銷。

道德規範和證管會可以防範相互勾串的一些行為，卻不能保護大眾不傷害自己——當他們被輕而易舉、快速獲利的念頭誘惑而盲目的時候。

油嘴滑舌的股票業務員已經發現，幾乎找不到什麼東西不能賣給某個人，而且，對願意相信的人來說，再怎麼誇大其辭，都不嫌過分。在處處是科學奇蹟的時代中，樣樣事情都令人驚歎不已。為什麼不能坐會飛的碟子？為什麼不能到月球一遊？從1958年到

1960年，紐約州的投資人真的拿出五萬美元以上，買歐提斯實業（O.T.C. ENTERPRISES）的股票。這是大騙子歐提斯・卡爾（Otis T. Carr）想出來的花招。卡爾信誓旦旦地對那些投資人說，他的公司已經開發出一艘太空船——其實是一種會飛的碟子——可以且將把被選中的股東送上月球。

好像這還不夠似的，卡爾進一步表示，用來推進會飛碟子的引擎，不需要燃料便能永無止盡地轉動；其實，那就叫做永恆運動（perpetual motion）。

最近聽到報導說，卡爾因為股票詐欺案，正在奧克拉荷馬州服刑。有趣的是，雖然他在奧克拉荷馬州蹲苦牢，被他騙過的人，卻甭想把錢要回來。

紐約證交所1959年做的一項調查發現，那時持有股票的美國人，整整40％無法準確說出普通股到底是什麼。他們持有一或多股普通股。他們花錢買它，也希望靠它賺錢。但——它到底是什麼？

紐約證交所發現，在當時被視為「行將」購買股票的1,280萬人當中，有一半說不出一股普通股的適當定義。他們會考慮投資普通股嗎？當然會。根據他們聽到的所有事情來判斷，650萬美國人認為投資普通

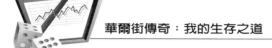

股可能是好主意。他們到底考慮投資什麼？沒人能夠說得肯定，除了它和實心金磚鋪成的那條街，也就是華爾街有關之外。

怪不得情報販子有可乘之機！

我回溯華爾街的歷史，能夠找到和市場預測有關的第一件事，是1898年銀行兼抽佣股票經紀商海特富利茲（Haight & Freese）刊登在《紐約時報》的一則廣告。

那時和今天一樣，人必須動之以利！

我們有最好的理由，相信1月股價會上漲。……

廣告更表示要給你誘人的免費贈品！

寫信或打電話來索取「四百頁手冊」，裡面有鐵路地圖，畫出所有鐵路和工業地產完整的地點，包括一系列十到三十年的股票、債券、穀物和棉花的最高價和最低價，也提到融資買進和融券賣出的方法。

　　華爾街上總是有「最好的理由」預期股價將上漲。就這一點來說，自1898年以來，這個世界其實沒什麼變化，除了推銷詞的遣詞用字，現在比以前更引人注目，而且有點更加狂妄之外。

巨大的獲利潛力！
幾乎每位投資人都該擁有的一支股票！
優質價值選擇！
投資成功的十二種不敗方法！
我們正置身於多頭市場！

　　幾乎毫無例外，明牌服務社和茶葉算命師都有一樣商品可以賣：和跑馬場的情報販子一樣，他們宣稱知道贏家的名字，而且願意讓你偷聽到那個祕密──只要花一點小錢。華爾街的情報單上，天氣永遠放晴，沒有下雨的時候，也就是永遠都是多頭市場，或者多頭市場即將發動。

成長型股票！「沉睡中巨人」行業的特殊股票！
報酬特高！

　　情報販子為什麼不自己去買那支成長股，投入一點錢到那些沉睡中的巨人行業，賺取特高的報酬？他們講的讓人以為他們樂善好施，但是很明顯的，如果他們願意賣特殊的情報給別人，那是因為那些情報還不夠特殊，不必據為己有。

　　能夠未卜先知，再好不過了。但我發現，拿每天的報紙來看，反而可以省下很多錢。我在報紙上觀察股票的表現，留意哪些股票的表現真的很好，很快就能發現屬於自己的沉睡中巨人。

　　我最近接到一家知名的市場預測服務社的來信，寫道：

　　　　親愛的朋友：

　　　　你是不是曾經希望有副自己專用的電子「頭腦」，幫助你選股？不妨想想──把資訊輸進去，然後──幾秒之內──跑出極其重要的答案，供你進行市場預估。……

　　　　前一陣子，我們丟了個特別的問題給我們的電腦「頭腦」去傷腦筋。我們想知道，下次的買進機會中，哪些股票的成長可能性最高。……因

此我們輸進一大堆資料給機器。機器給了我們答案！

看水晶球的行業，已經走向電子化。一般客戶訂用七個月，只繳37.50美元，便能收到完全由電子機器選擇的一張成長股清單。那家公司保證，這些成長股是長期資本增值股中的「精華」；也就是將來會「漲了又漲再漲」的股票。

幸好我不需要一副電子頭腦來看清哪些股票會「漲了又漲再漲」。報紙上的股票行情表能夠告訴我，一支股票什麼時候真的正在上漲，而在那之前，我對它一點都不感興趣。

普通常識能夠告訴我的事情，我也不需要電子機器告訴我：要是科學發明能給預言家哪支股票會是市場贏家的資訊，他們就不會以「每個星期一美元多一點」的價格賣它。他們一定留著自己享用。

想賣電子頭腦的這家預測公司，另有稱做預警服務的一種誘人產品，聲稱自1929年以來，每當市場即將崩跌，它便發出預警通告（透過郵件），有助於投資人免於蒙受巨大的損失。

有些人把股票放在銀行的保管箱，一年只看兩次。在他們看來，這種產品也許不錯。可是依我之見，它的速度還不如簡單的停損單那麼快而有效率。賣電子頭腦的那家公司，會在股市大盤似乎就要重跌的時候，透過郵件讓我知道這個天大的消息。停損單不會透過郵件或其他任何東西告訴我什麼事情。但在我買的那支股票開始下跌的那一刻，它會自動採取行動。而且，它不需要我一個星期花一美元。它不必花一毛錢！

華爾街上的預測者，整體而言，鐵嘴有多準？

和華爾街上的業餘者比起來，他們通常對市場多懂得一些。也就是說，他們比較精通股票辭彙，曉得什麼叫做指數（indexes）、趨勢（trends）、平均值（averages）、選擇權（options）、賣權（puts）、買權（calls）、跨式交易（straddles）、價差交易（spreads）、偏空跨式交易（strips）、偏多跨式交易（straps）。他們知道道氏線（Dow Line）、利潤線（profit line）、價值線（value line）、零股指數（odd-lot index）、騰落線（advance-decline line）。但是，天哪，他們卻缺乏管線，沒辦法直通真正重要的資訊：我手上的股票什麼

時候開始上漲，以及漲多少？

　　當我需要最要緊的資訊，也就是某支股票的價格會上漲還是下跌，胡猜亂想和錢能夠買到的任何市場預測，準確度不相上下。

　　根據平均數法則（the law of averages），用丟硬幣、選好聽的名字、使用墨漬測試，或者蒙住眼睛用大頭針去插等方法，得到的結果，和情報販子、趨勢預言家給的答案，投資報酬不相上下。

　　每一天，市場上總有幾百檔股票上漲，另外幾百檔股票下跌，而且通常有一些股票持平不變，因為交投清淡或者根本沒人交易。

　　強大的多頭市場中，我知道上漲的股票多於下跌的股票。空頭市場的情況則相反。但我不會忘記，不管是哪一種市場，總是有漲也有跌。還有，昨天上漲的許多檔股票，今天會下跌。上漲股票和下跌股票沒有明顯的區分或者永久的區隔。如果有的話，那就不會有市場存在，因為下跌的股票很快就會成為壁紙，上漲的股票會因為價格過高而不再流通。

　　沒有百分之百靈驗的方法，能夠知道我的股票會坐上哪一台電扶梯。上或下？同樣的，如果華爾街的

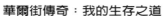
華爾街傳奇：我的生存之道

情報販子知道答案，他們肯定不會向我兜售，而是留著自己採取行動。

下表是從紐約證交所任意挑選十天，也就是整整兩個星期的漲跌股票檔數：

日期	漲	跌	平	成交股票總檔數
Jan. 14	723	360	249	1,332
Jan. 15	504	556	255	1,315
Jan. 16	337	720	246	1,303
Jan. 17	712	333	259	1,304
Jan. 18	572	509	238	1,319
Jan. 21	567	485	266	1,318
Jan. 22	672	390	249	1,311
Jan. 23	619	428	264	1,311
Jan. 24	571	464	251	1,286
Jan. 25	588	461	240	1,289

把第一個星期每天的漲跌檔數加起來，你會發現，從趨勢預測者的角度來看，那個星期的走勢並不好。1月14日星期一，價格上漲的股票檔數，是下跌股票檔數的兩倍，於是市場記者寫道：「太好了！市況看起來比以前要好。」16日星期三，趨勢幾乎完全倒轉，華爾街一片哀嘆聲。17日星期四，鐘擺擺回到原來的位置，許多股票上漲，下跌股票檔數不到上漲股

114

票檔數的一半。18日星期五，上漲股票和下跌股票勢均力敵。

　　第二個星期每天都是漲多跌少，不過下跌的股票檔數也相當多。但如果我像所謂的騰落線畫圖者那樣，把每天的上漲檔數和下跌檔數加起來，兩個星期的交易看起來會像下圖所示：

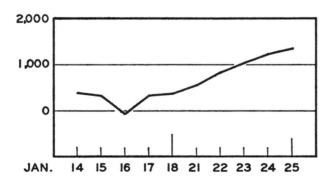

　　1月25日，我相當快活。其實，市場記者也一樣，他們會寫道：

市場節節上漲

　　兩天後：

市場攀升到1963年的最高價位

太美了！這對一直在預測股價激漲的情報販子來說是件好事，現在他們的預測成真的機率高於五五波。市場理論家和畫圖者，尤其是還沒把錢投資進去的人，對這件事很感興趣。

但如果我的「神秘股」、「沉睡中的巨人」或「一等一的投機股」，碰巧沒有追隨走勢圖的起伏往前推進呢？

不要忘了，這十天中的每一天，都有幾百檔的股票價格上漲、另外幾百檔——而且不見得都是相同的那些股票——則下跌。個股絕對不是用同一條線拉動的溜溜球。有些個股會隨著大盤下跌，跟隨走勢線而滑落。然後到了某些日子，絕大多數的股票上漲，它們卻繼續游低。有些股票甚至跌到新低點。反之，在走勢線顯示大盤下挫的日子裡，卻有不少股票漲到新高價。

我比較了個股的長期走勢圖和呈現市場整體表現的走勢圖，發現兩者雖然具有普遍的相關性，但在紐約證交所掛牌交易的一千三百餘檔股票，不見得總是齊漲齊跌。在某些方面，它們像羊那麼溫馴而順從，但它們畢竟不是羊。事實上，有些股票的走勢和主趨

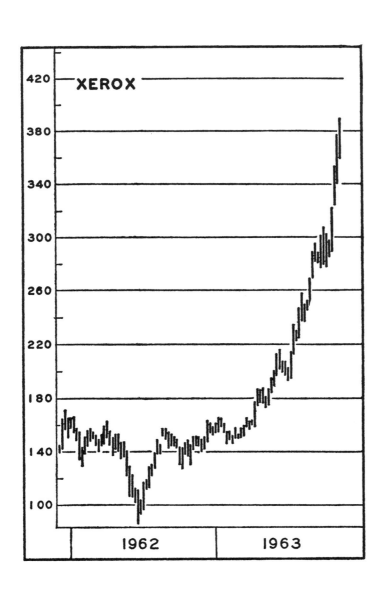

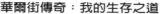

勢完全背道而馳。許多股票的動向，似乎和趨勢一點關係也沒有──連續好幾個月或者好幾年都這樣。它們的「個性」彆扭乖張。買進就跌，賣出便漲！

買神秘股就對了！可是證據顯示，靠預測神秘股走向維生的人，準頭不比賭博大眾要好。最低限度，你可以預期他們蒙上眼睛，用大頭針去插，也能做得一樣好。就像一位演員在戲中說的：「即使停止不動的鐘，每二十四小時也準兩次。」

簡單的邏輯告訴我們，任何市場只要價格上漲的股票多於下跌的股票──這個意思當然是指多頭市場──那麼不管我用什麼方法去選股，平均數法則會給我更多的贏家股。

我可以學一位著名的美容師據稱做過的事那樣，把《華爾街日報》貼在門上，對著它丟飛鏢。或者，我可以戴上眼罩，用手指頭點向股價行情表。要是上漲的股票檔數多於下跌的股票檔數，而我找到的贏家沒有多於輸家，那麼我的手氣可說其背無比。

我認識曼哈頓一位有錢的律師，單靠這種方法就賺了很多錢。他把一周來的《拜倫》股價行情表攤開在桌上，閉上眼睛，用大頭針去插。插中哪支股票，

便買哪支。

　　沒錯，有些股票他賠了錢。但在強勢市場中，他賺得更多。

　　把話題拉回來。華爾街的情報販子偶爾選到好股，一點不叫人驚訝，尤其是在股市竄奔榮途期間，許多新資金湧進華爾街賭場，而且上漲股票多於下跌股票時。如果只是基於簡單的平均數法則，預測者應該至少能夠做得和我的律師朋友，閉上眼睛選股一樣好。

　　是不是真的這樣？答案令我吃驚。華爾街預測者在股票市場的表現，不如簡單的平均數法則那麼好。

　　高爾斯經濟研究委員會（Cowles Commission for Economic Research）1933年做的一項研究發現，美國頂尖預測人士所作的預測，針對市場趨勢、道氏線、騰落線、價值線等，發表數千份的「權威」新聞信淹沒全國。但他們的準確性比完全隨機選股低4%。

　　高爾斯委員會1944年再做同樣的調查，結果幾乎完全相同。

　　純靠運氣的話──對著《華爾街日報》射飛鏢或者在《拜倫》雜誌插大頭針──預言家的勝負機率各

半，也就是準確度為50%。換句話說，他們至少會有一半的機會是對的。事實卻不然。在連續兩次的調查中，他們整體的分數只有46%。

不用說，這麼差的表現，並沒有令喜歡看水晶球的人卻步。何必因此裹足不前？他們又不賭博。他們只是報消息給賭客——當然要收費。賭客來了，破產走人，但是老牌預測服務社繼續年復一年欣欣向榮。

自稱是市場分析師的一些人給的建議，和拉哲‧拉巴（Rajah Rahbo）的《夢幻書》（Dream Book）內容不相上下。這話可一點都不誇張。在理該實事求是的商業世界中，看起來也許奇怪，許多股票營業員卻熱中於用數字預測股市。他們樂此不疲，放棄了用平常的方式去理解市場，下班之後也一直在尋找幸運數字或者——在同樣熱門的相關領域中——日月星辰的指引。

我聽過至少一位華爾街的專業投資顧問，真的利用占星術來作預測。就我所知，好笑的是，它的準頭和電子頭腦差不多——因為不管是占星，還是機器，都沒辦法在華爾街的賭徒真的在做什麼事之前，告訴我們他們將做出什麼事。當然了，行情表上的報價比

其他任何裝置發明，更能告訴我股票正在做什麼事。

　　我發現，要找市場情報，最好的地方就在市場裡面。

　　不過，許多市場預測者當然不肯花工夫，去畫市場走勢圖。他們和跑馬場的情報販子一樣，每天都需要靠一些小道消息來向客人兜售——市場本身不見得總是那麼慷慨大方，能夠滿足他們的業務需求。所以他們和賭場的情報販子一樣，採用比較簡單的系統：每一場比賽，儘可能推薦最多的馬，這樣一來，其中有些肯定跑贏。

　　同樣這套系統，可以用在任何領域的選擇上。每過一段時間，就有人在舊床墊底下找到一筆藏起來的錢。那些「寶藏」，也可能塞在地下煤窖，或者丟到井裡。要是明天我決定設立一家尋寶服務社，我會這麼大作廣告：

　　本週找你家的地下煤窖……

　　也建議到閣樓找找看……

乾草堆也可一試……

或，1905年之前出版的老書書頁裡面……

十之八九，我的一些客戶總能找到一些錢。

再下來一個星期，我可以作廣告說：

> 內布拉斯加州奧馬哈的L. D.女士聽了我們8月
> 15日的建議，在她家的地下煤窖找到400美元。威
> 斯康辛州孟古斯（Mongoose）的J. B.，在他家閣
> 樓的行李箱中，找到價值160美元的雙鷹金幣。

我很容易透過技術語言，解釋所用的「系统」如
何決定地下煤窖比街角的書報攤或公共海水浴場更容
易找到錢。如果我想用一些圖表來美化這種方法，做
起來也不難。

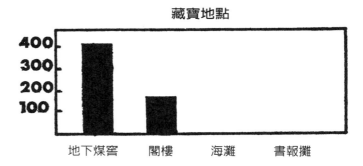

藏寶地點

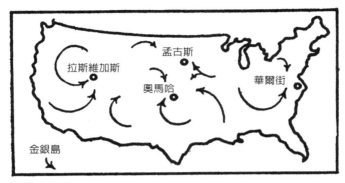

美國尋寶活動的地理中心

顯然是一派胡言，不是嗎？可是將它轉化為華爾街的特殊用語之後，卻能通過理智那一關，人們也願意花錢去買。

一般人為什麼不懂這層道理？也許他們懂，可是賭博的本能太過強烈，而且，長江後浪推前浪，還沒被燒傷的人，初生之犢不畏虎，一再前仆後繼，投入這座賭場。

預測和市場分析的派別有許多。其中最糟的是存心詐欺——或者，出於個人的妄想和謬論，不過，這種情況少之又少，但是就像證管會所揭露的，曾有一位老市場顧問根據「密碼」作預測。他相信自己已經從報紙的連環漫畫找到那個密碼。

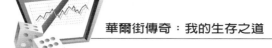

　　市場分析頂多只能告訴我，股票過去的表現如何，或者現在的表現如何。可是我想知道的是，我的股票在不久的將來會有什麼樣的表現。

　　很遺憾，還沒有人推出可靠的水晶球，或是電子裝置，還是其他的方法。

　　關於某支股票為什麼急漲或者急跌，市場分析總是能在事後找到很多解釋，例如：傳說要分割股票、預期將發布盈餘升高的利多、總統心絞痛、謠傳古巴入侵──總是找得到一些理由來說明。一天的交易結束時所作的種種觀察，都隨事後諸葛亮愛怎麼說就怎麼說。不管用什麼理由來解釋，大多不過是將股市或股票的表現合理化吧了。

　　事實上，市場怎麼走，是因為賭徒怎麼做造成的。在賭徒操弄之前，沒人能夠知道他們會怎麼做。

第**5**章
避險之道：自我保護

「為了生死，不惜和世界對賭，」卡萊爾（Carlyle）寫過這麼一句話。讀了這句話，我想起認識的一兩位華爾街投機客——他們一頭栽進「大賭場」，沉溺其中，而且不顧死活，拿自己擁有的一切去冒險，企圖再次出場。

遇到這種性格的人，只好一而再，再而三警告他們，強調所有的股票都帶有若干風險。如果買賣股票不是賭博，那就不會有報酬。其實，這麼一來便不會有我們所知道的那個市場存在。股票將像馬鈴薯或政府公債那樣，以固定的價格在櫃檯出售。

但是這些不顧一切、沉迷其中的賭客，可能不是股票市場的真正典型。華爾街賭場中，業餘玩家比較常見的特色，是一種消極被動的態度，比較適合宗教，卻不是那麼適合商場。

一般的小額投資人去找股票營業員的時候，總是像小女孩踏進洋娃娃醫院，既期待又擔心。他會誠惶誠恐，詢問哪些股票是適合買進的「好股」，並在「大人」發表高見時洗耳恭聽——然後奉上畢生的儲蓄，等著神秘的輪盤轉動，把利潤丟在他眼前。

如果利潤沒有實現，客戶可能作成結論，覺得自

己買到的是鍍金的磚塊，但通常他會認命地接受壞消息。至於股票營業員，由於華麗的機構性廣告包裝，以及他們在財神廟裡扮演祭司的角色，所以享有如醫生般的崇高地位。我還沒碰過一個人，不向我誇耀他的醫生是世界上最好的醫生。

營業員能夠贏取廟宇中虔誠信徒一般的尊敬。

「嗯，」營業員用修剪得相當整齊的指甲，敲點桌上的資產負債表，一副成竹在胸的樣子，說：「和我想的一樣。市場稍微出現技術性回檔。沒什麼好擔心的，但如果你真的擔心的話，或許我們可以換，啊，這支股票……。」

於是客戶認賠賣出手上的股票，帶著另一塊硬磚離開，股票營業員則有兩筆而非一筆手續費落袋。

有些投資人能在遭受重擊之後，還是在市場中滿懷信心，而這個市場對他們來說，依然有如剛進場那一天那般神秘莫測。我認識一位非常有錢的專業人士，受雇於某連鎖豪華飯店擔任駐診醫師。他在1961年大多頭市場的高峰，把畢生的積蓄投入股票。

他的總投資金額約為30萬美元。可是營業員喜歡掛在嘴上的市場「回檔調整」（但這些人很少這麼說，

除非是當事後諸葛亮）遲遲未有結束的跡象。1962年的暴跌，我的朋友Y醫生的儲蓄，果然只一記重擊便蒸發掉三分之二左右。

「還好，」塵埃稍微落定之後，一天我在紐約廣場飯店的大廳和他不期而遇，他告訴我，「畢竟，我只損失20萬美元。」，天哪，只損失20萬美元！

這個人，憑自己的勞力賺到所有那些錢，而且在打長途電話到巴黎，或者拿5美元鈔票給計程車司機說不用找零之前，都要思之再三，竟然說那一大筆畢生的積蓄只是20萬美元！

這和前面說的，是同一種消極被動、聽天由命的態度——對於行情表上的魔術數字，缺乏現實感——這正是拉斯維加斯或蒙地卡羅（Monte Carlo）的強迫型賭客的正字標記。這些人動不動就丟5美元的籌碼給小弟，幫他跑腿買一包香菸，而在正常的情況下，卻對店家想把相同的香菸價格調高幾美分暴跳如雷。

我的另一位朋友，則幻想著他那已經縮水的股票終有一天將「東山再起」。他告訴我：「我只是個小戶，經不起承受8點的虧損。在股票沒有回升到我的買價之前，怎能把它賣掉？」

　　我答道：「你怎能經得起不賣它？這一支股票，以前賣33美元，也就是你的買進價格。現在它的賣價是25美元。從它過去約六個月的走勢圖，看不到叫人眼睛為之一亮的發展。它一直處於緩慢下降的趨勢中。要是你現在從頭來過，正打算進場，你不太可能會選購以前價格高得多，幾個月來只跌不漲，價格25美元的股票。你會看上價格比較便宜，正節節上漲的股票。因此，何不拋出那支賠錢股，另找贏家股？

　　「現在你應該認賠賣出，縮小虧損。如果你堅持要承受更多的虧損，並且套牢資金的話，那麼不妨研判你所持股票的箱形區，把底部建立起來，並在那裡下個停損單。因為如果它跌破那個箱形區的底部——看起來很有可能——你持有的將不是25美元的股票，而是18美元或15美元的股票。誰知道它最後會跌得多低？」

　　經驗告訴我，務必以務實的態度去看價格。股票目前的價格是25美元，它就是25美元的股票，不管我當初用多少錢買它。因此，我必須把它當作25美元的股票去評估它。

　　過去和將來的字眼，在股票市場都沒有任何意

義，因為它們不存在。存在的是現在。每個新日子，以及交易日的每一個小時，都需要做新的決定。我不曾在過去行動，也不曾在未來行動。我是現在行動。所以說，決定留住賠錢股，和決定買進賠錢貨，是完全相同的決定。反之，同樣的邏輯顯然也適用於決定賣出上漲的股票。有誰會到股票市場買賠錢貨和賣賺錢股？這是多麼奇怪的善舉！可是人們卻每天在做這種事。

他們是因為無知，因為膽怯，也因為相信一些迷思，以及認為他們的問題可以找到魔法來解決，而不是靠理性的解決方案，所以做出那種事。他們應該思考的時候，卻依賴感覺。

廣場飯店橡廳的領班維克多和我很熟，1962年以42美元（一股分割成兩股之前）的價格買進克萊斯勒（CHRYSLER）100股，看著它慢慢漲到72美元，然後賣出——他覺得3,000美元的獲利已經很多了。

當我問他為什麼要賣，他略微露出驚訝的表情。「為什麼？」他說。「唔，為什麼不賣？已經賺了不少，再說，我不想太貪心。我已經滿足了。」

這麼回答，可見他面對巨大資金市場的神秘面

紗，懷有既敬且畏的迷信心理。千萬不能貪心，否則神會生氣，把祂們給的東西收回來。

我告訴那位朋友，如果已經滿足，那就另當別論。但他日後可能懊悔不迭，因為克萊斯勒的大漲走勢才剛開始發動，距離最高點還遠。克萊斯勒後來一路漲到108美元，然後一股分割成兩股。

漲勢也還沒結束。寫這段文字時，克萊斯勒1963年的高價是89¼美元，相當於股票分割前每股178½美元。換句話說，不想貪心的那個人，在短短幾個月內就能使他的錢變成兩倍的漲勢發動之前，便把股票賣光了！

股票市場上許多「投資人」特有的消極和幻想形成的奇異組合，可能是各類集體操作組織能在市場取得成功的關鍵。

大部分小額賭客不敢信任本身的判斷力，所以傾向於靠人多勢眾來壯膽和取勝。而且，由於他們不喜歡每天在市場決定要做什麼事，所以會在金融世界找個聰明人，為他們煩惱這些事情。問題是，那個人一定是個專業人士，從頭到尾考慮的一定是自己的利潤，因為他得花錢租用閃閃發亮的辦公室，波本威士

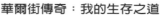

忌和上等雪茄的存量也得準備充足。

綿羊有各式各樣的羊欄給牠們安全和指引。但牧羊人天生的工作是剪羊毛，所以我們可以合理推論，相信人多好取暖的人，毛幾乎肯定被剪光，而且走一批來一批。

投資俱樂部

我研究了一下投資俱樂部（investment clubs），估計美國共有約二萬五千個投資俱樂部。其中一些是非正式的小團體，從每天下午吃點心、打橋牌演變而來。它們的成員對奶油巧克力蛋糕和蜜桃雪糕的興趣，很可能超過畫股票的趨勢圖。不過，有數千個投資俱樂部的規模相當大、相當活躍，聘有會計師、律師和財務人員。

被投資俱樂部吸引而來的投資人，通常想要投資一點錢到股市，卻不希望花太多心力，或者沒辦法一次拿出夠多的錢去投資，以避免每次只購買幾股，必須負擔沉重的手續費和其他的零股買賣費用。

　全國投資俱樂部協會（National Association of

Investment Clubs；N.A.I.C.）對這種組織的設立，提供專業上的指導。每年每名會員收費一美元，並將「增值」（appreciation；意思是說，買進的股票，市場價值升高）訂為首要的投資目標。此外，基本的營運準則是所有的股利都再投資，不分配給會員。

這些俱樂部的表現如何？根據N.A.I.C.於1960年所作的調查，發現遵循N.A.I.C.的準則，只投資成長股和所有的股利都再投資的俱樂部，持股平均漲幅是8%；成立五年以上的俱樂部，平均成長率據稱達11%。

但是上面的數字指的是俱樂部，不是來來去去的個別會員。不管有沒有加入N.A.I.C.，一般俱樂部在成立後的第一年或第二年，通常發生虧損。沒有獲利的部分原因，出在投資率偏低和手續費偏高（一般在6%左右）。

約翰‧赫哲德（John W. Hazard）和劉‧柯爾特（Lew C. Colt）在《金林格來年投資寶典》（The Kiplinger Book on Investing for the Years Ahead）指出，N.A.I.C.報告的獲利數字，是在1960年之前異常強勁的多頭市場中創造的，而且無論如何，只適用於嚴格遵循N.A.I.C.投資準則的俱樂部。

每個星期都有新的俱樂部設立，卻也不斷有其他的俱樂部解散。存活下來的俱樂部，會員並不穩定。

這種俱樂部有許多問題有待決定。應該買哪些股票？何時應該賣出？會員每個人每個月投資的20或30美元，可以期待什麼時候獲得現金報酬？應該由誰做決定？

一般來說，決策是由一個小委員會作成，並由和股市有關的某人提供諮詢顧問服務。由於明顯的理由，那個「某人」可能是股票營業員。他可能免費奉獻時間和建議，但他對投資俱樂部的興趣，不可能完全無一己之私或者純粹出於社會服務性質。有些營業員經手好幾個俱樂部的帳戶。這種情況下，手續費收入非常可觀。

共同基金

我在第一本書出版後沒多久，接到華爾街一家大型投資銀行兼經紀商代表的來電。我有點不解，但同意討論那家公司的構想。

原來那家公司想要利用我在股市大有斬獲的知名

度，計劃成立達華斯基金（Darvas Fund）──我只掛
個名字當頭。那家投資銀行認為，我是當然的不二人
選。他們告訴我，曾經在華爾街賺得二百萬美元的一
個人，主持的共同基金公司，一定會吸引大量民眾上
門購買受益憑證。畢竟，如果我能為自己選股，為什
麼不能為每一個人選股？

　　這是個有趣且賺頭不小的邀約，但即使我沒有其
他的要務得處理，我還是會說出當時說過的話：「不
幹。」為什麼？我相當坦白告訴那家公司的高階主
管，那個邀約我甚至連考慮都不用考慮，理由很簡
單：**我不相信共同基金是一種投資**。簡單的說，**連自
己都不認為是好賭博的東西，我不會請人把他們的錢
投入**。

　　共同基金是一種開放式的投資信託公司──稱作
「開放」，是因為任何人都能在任何時候參與（因為隨
時都能供應新的受益憑證），而且任何時候都能要求
贖回他的受益憑證（因為基金隨時準備好以當時的市
價收回它們）。

　　和其他任何企業一樣，基金是以公司的形式組織
設立的。它的交易手段是錢──受益憑證持有人投入

的資金加獲利。它經營的業務是買賣其他企業的股票，希望每次交易都獲有利潤。

受益憑證的價格等於任一時間公司（基金）的每股資產淨值（net asset value；NAV）。這似乎相當合理。當你要求贖回基金受益憑證，你得到的是它們依比例計算的價值，也就是基金本身當時的淨值。不過，不要忘了一個很大的「但是」。

那就是手續費（sales commission）。這是你會被咬掉的一大塊肉，平均費率從8.5%到高達9.5%，或甚至10%不等。買進的時候，我得繳這筆費用，也就是說，在我和滿臉堆笑的共同基金業務員握手的那一刻，我投資下去的一塊錢，價值馬上只剩90分。他可不是閒著沒事幹的人。

幫我管理資金的人也一樣。所有的信託基金，包括開放型基金，都要收管理費（management fee），一般是每年為管理資金總額的0.5%左右。光從百分率數字來看，可能好像不是咬走很大一口。但是想到投資人分散服務公司（Investors Diversified Services, Inc.）等共同基金群，管理的資產超過40億美元，我便能理解為什麼銀行業和證券經紀業對共同基金那麼感興趣。

　　還有另一層因素需要考慮。大部分大型共同基金都和證券經紀公司關係密切，有些更是這些公司成立的。也就是說，莊家又插上一腳，每一筆交易都要抽頭。一檔基金把錢投資下去之後，任它隨勢而行，可能會有很好的表現，但是股票經紀商需要交投活動，才有手續費可賺，而當共同基金經理人和經紀商沆瀣一氣，其中多少交易是合理的，多少只是為了賺取手續費而進行的炒單交易（churning），便有可議之處。

　　共同基金是很大的業務。根據最新的報告，擁有資產各超過一百萬美元的基金共有一百八十三檔。它們為受益憑證持有人創造多少報酬？根據凱富公司（Kalb, Voorhis & Co.）的調查，1962年3月29日到1963年3月29日，一百八十三檔基金只有十八檔獲有利潤。威靈頓股票（Wellington Equity）下跌14%，百能成長（Putnam Growth）也是一樣。波士頓的大通基金（Chase Fund）淨資產滑落26%，人民證券（Peoples' Securities）下跌32%，帝國基金（Imperial Fund）下降約41%。

　　不是所有基金的虧損都那麼大，但我發現，資金主要投資普通股的任何基金（並不包括上面所說獲有

利潤的十八檔基金），受益憑證的表現不如道瓊工業
股價指數（Dow Jones industrial average）等股市指數
那麼好。

如果我曾經投資道氏理論基金（Dow Theory
Fund），一年之內我會損失18%的投資金額。真叫人
驚訝！

這裡面的含意再明白不過了。1962-63年，即使
免費奉送專業管理服務，跟著市場指數操作，績效也
比把錢交到專業經理人手中要好。當然了，專業管理
服務不會不收費。從共同基金一年來的資產負債表扣
除7.5%到8.5%的銷售手續費，再減去一小部分的管理
費，便能很清楚看出，為什麼我最好還是獨自在華爾
街賭場放手一賭。

月投資計畫

如果有人邀請我用分期付款的辦法玩紙牌，我會
想弄清楚到底葫蘆裡面賣什麼藥，因為世界上根本沒
有這種玩法。偏偏紐約證交所推出了月投資計畫
（Monthly Investment Plan；M.I.P.），允許投資人每三

個月最低只要投資40美元就能買股票。這個計畫和上面說的分期付款玩紙牌一樣怪得可以。

　　它吸引人的一大賣點，在於那是一種無痛的儲蓄辦法──或者號稱如此。不同的地方在於儲蓄銀行拿我的錢去運用，會支付我最高約4%的利息。經手我的M.I.P.帳戶的經紀商，卻要收我整整6%的費用──還不保證我碰巧需要用錢時，平常儲蓄下來的錢還在那裡。股利給我的幫助不大。如果我每個月投資40美元買股票，需要整整兩年的時間，股利才足夠支付手續費──假設平均股利率是3%到4%的話。許多股票的股利率不到3%。更何況沒人保證我一定領得到任何股利。

對小額投資人的含意是什麼？

　　投資俱樂部、共同基金、月投資計畫──都是「讓小額投資人走進華爾街」運動的一部分，至於小額投資人是否受惠，則是另一個問題。我個人認為，集體操作所面對的風險，和個人操作一模一樣。不管是個人買進股票，還是集體買進股票，只要用來選擇和買

賣股票的方法紮實穩靠，便都有可能賺得
利潤。

但賭博終究是賭博，我個人不喜歡讓別
人代我下賭，也不喜歡依賴任何賭場的莊家
提供的建議。在我看來，我們是坐在桌子相
反的兩邊。我要從市場賺取利潤；他們要
的是從我身上賺的手續費。

第**6**章
我的買進辦法

　　不久前，春暖花開時節，我人在巴黎，坐在和平咖啡廳（cafe de la Paix），一邊欣賞來來往往的優雅女士──我是無可救藥的股票觀察者，但觀察女孩的歷史卻更悠久──一邊讀著經紀商寄來，內容令人不忍卒睹的信函。我的財務遭逢危機，在市場上連續慘賠好幾筆。

　　由於我對股票市場十分認真，所以心裡一直想著：「是的，沒錯，買賣股票是一種賭博。」我那賺賠不定的操作生涯，十足說明了這一點。但我要怎麼做，才能把那些賭博和風險的成分降到最低？我當然可以想出某種方法，選到正確的股票買進，然後在正確的時間賣出。概括地說，這便是我的問題所在。我想發展一套極簡單明瞭的系統。我就像在尋找金羊毛（Golden Fleece）的傑生（Jason）。（譯註：希臘神話中，英雄傑生歷盡千辛萬苦，好不容易找到寶物金羊毛。）

　　我在心裡檢討著觀察市場得到的一些心得。

　　我在華爾街這座賭場，觀察到各式各樣的賭法；它們的彩金和機率各不相同。各種賭法的條件，甚至規則都有變化──或者是由管理機構加以改變。（還

記得美國證交所在我所寫的《我如何在股市賺進二百萬美元》一書出版之後，禁用停損單嗎？）而且玩家——這裡指的是少數成功的投機客，不是懵懂無知、一廂情願的大多數股民——採用不同的方法去解決相同的問題。他們為自己、自己的心理狀態、本身操作最能成功的條件，設定各自的目標。

舉例來說，放空者扮演的角色，類似於骰子賭桌「賭錯」的賭客——這種賭客從來不親自擲骰子，但利用他對百分率的理解，尋找本身的優勢，好吃掉其他玩家的賭注。

在股票市場操作，比擲骰子或玩21點要複雜得多，但同樣的原則也適用。

我在華爾街為自己設計的規則，是在某類市場中，為某類玩家（也就是我自己）發現和不斷加以改良的。其他同樣有效的方法當然也存在。

雖然股票市場沒有「不可能」那回事，而且任何股票都能在任何時候往任何方向行進，不過，股票價格的波動，由於本身的特性，終究有它的限制。我決定集中全力，注意所有不同的波動。

擅長預測賽馬結果的人，不會浪費時間玩輪盤，

除非是為了交際應酬酬，打發時間。記憶力驚人，長於數牌，難得一見的21點紙牌高手，不會浪擲金錢在骰子桌上。我想在這座賭場賭贏，所以要求自己務必徹底瞭解它是怎麼賭的。

我發現，要在華爾街（以及其他地方）成功，第一個祕密是自律和保持耐性。我必須等機會來，用自己拿手的方式去玩，而不是依照別人的方式。強迫型的賭徒沒更好的事可做時，可能會在街角和小朋友賭一些小錢。但我這種想和賭場一拼高下的操作者——不是為了求得刺激，而是擁有理性的目標和方法——必須以冷靜的態度，睜亮雙眼，去接近它。我曉得，必須學會必要時等上一年，以求一出手便獲勝；而且，不管在什麼情況下，我都經不起折衷妥協，推翻所用系統的原則，以致於一點一滴耗蝕資金。

我發展出來的方法，後來被稱做漲勢市場中的達華斯方法（Darvas Method）。漲勢市場（rising market）也就是華爾街所說的「多頭」（bull）市場。用最簡單的方式來說，這是指買盤強勁的市場。

這種多頭市場中，雖然有些股票的價格上漲，其他的股票則下跌，但是上漲的股票遠多於下跌的股

票。在所謂的「空頭」（bear）市場中，情況則相反：需求愈來愈少，更多的人願意在愈來愈低的價格賣出（另一種說法是股票的支撐〔support〕減弱），而且下跌的股票多於上漲的股票。

雖然我能夠在幾乎任何一種市場中賺錢（我經常置身於「漲跌互見」的市場），卻發現在我能夠掌握多頭市場的戲劇性機會時，操作成果最好。由於我志在打敗賭場，所以要發展一套為我效力的「系統」或方法。

我發展出箱形系統

初進股票市場，我連最淺顯的股票買賣機制都毫無頭緒。誰在買股票，或者為什麼要買，我一點概念也沒有。我看不出某些股票的價格有非上漲不可的理由，或者其他的股票非下跌不可的理由。我做的每一件事，都是用猜的，而且根據小道消息、謠言，或者不比我懂得多，卻講得頭頭是道的人給的建議，瘋狂莽撞地下賭。除了運氣好，在多倫多買到布麗倫礦業股票，而一腳踏進市場的那一次，我後來幾乎每一回

合都鎩羽而歸。我是賭場中最菜的菜鳥。

幸好我及時認清，想要生存下去，就必須弄懂我在玩的遊戲是哪一種，而且至少要清楚基本的規則。但我研究的「基本面」，到頭來竟然和以前依賴的小道消息差不多一樣沒用。我被股票市場常見的迷思誤導；那些迷思，連營業員和著名的「市場分析師」也深信不疑。我沒去注意股票本身正在做什麼，而是下工夫研究發行那些股票的公司的財務狀況。過了一段時間，我才曉得跑錯地方尋找真正需要的資訊。

我想知道的事情很簡單：哪些股票將上漲，為我賺錢？

企業發表的報告能夠告訴我，某家公司一年的獲利是多少、瓊斯羅夫林生產多少鋼鐵、太平洋石油（PACIFIC PETROLEUM）擁有多少口油井等等。股票營業員能把華爾街的過去，一路上溯到魔奇（Moxie）飲料和高跟鈕扣鞋，如數家珍般告訴我。

可是似乎沒人能夠告訴我和未來有關的任何事情。直到我誤打誤撞買到德州灣生產（TEXAS GULF PRODUCING），才找到第一個真正有用的線索。

我是在狗急跳牆的情況下，投資德州灣生產一千

股股票。我投資瓊斯羅夫林，剛賠了9,000美元，債檯高築，不設法翻本，便只好宣告破產。處於那個悲慘的階段，誰能預見我將在股市賺進二百萬美元以上？但我運氣不錯。德州灣生產產生了可觀的利潤，讓我的財務重新站穩腳跟。遠比這個重要的是，它給我上了非常基本的一課。我是基於一個理由，而且只因為一個理由，而買這支股票。原來，它看起來就要上漲。後來的經驗，證實了這堂課有其價值。

日後我一再多次如法炮製，成功果如預期而來。有了這個基礎，我下定決心：一支股票的價格正在上漲，我才去買它。這是我買它唯一的好理由。一出現這種事，就不需要其他的理由。沒出現這種事，則其他的理由都不值得考慮。

體會剛剛所說的原則，才打贏一半的仗。我仍然有漫漫長路要走。如何才能區分肯定上漲的股票和這個星期可能漲個一兩點，下星期卻全吐回去的其他許多股票？要如何才知道偶爾有些股票正蓄勢待發，即將如脫韁野馬般往前奔馳，以及其他許多股票忽上忽下，猶疑不定，或者像斷了腳的螃蟹那樣在走勢圖上橫行，兩者的不同？簡單的說，如何才能察覺趨勢？

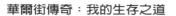

　　回答這些問題的過程中，我下苦功埋頭研究幾百支個股每天和每周的價格波動。

　　我使用的工具如下所述：

　　《圖解股票》（Graphic Stocks），紐約的史帝芬斯（F. W. Stephens）出版，分兩冊；其中一冊收錄一千多張走勢圖，畫出股票的價格波動，並有十一年以上的月高價和低價資料；另一冊收錄三十年內最知名八十一支股票的走勢圖。

　　標準普爾股票指南（我從營業員那邊免費取得）列出1936年到現在，約四千八百支普通股和優先股的高低價、盈餘、股利和其他的統計資料。

　　《拜倫》（Barron's）這本金融周刊，可以找到「大盤」和美國證交所掛牌股票的價格波動資料。

　　《華爾街日報》（Wall Street Journal）有每天的波動資料。

　　長時間投入心力研究實際的價格波動，而不是去看年報和股票經紀商明牌快報（tip sheet）中，通常無關緊要和令人混淆的一大堆統計數字，讓我大開眼界，看到以前沒發現的一些東西。

　　和我原來的印象恰好相反，股票的走勢帶有某種

一致性，往往沿著上升或下跌趨勢往前走，因此可以根據它們現在實際的表現，預測將來可能的表現。

　　雖然任何一支交投熱絡的股票（顯然我對不屬這一類的股票不感興趣），每天，甚至每個小時的波動情形，形形色色，不一而足，但長期而言，所有的股票傾向於依循若干獨特的行為型態。我對這座賭場，以及它的運作方式，感到興味盎然，甚至可說如痴如醉。

　　我見過股票上漲，也見過股票下跌。行進（move-ment）是其中的關鍵字詞。一旦趨勢建立起來，不管是向上或向下，都會持續往那個方向行進，好像被一塊強大的磁鐵吸引似的。我知道其中的原因；買盤往往引來更多的買盤，推升價格步步攀高。相反的，在某個價格出現的賣盤，很快會使在那個價位承接的買盤縮手，迫使賣價下滑——這個過程也傾向於循序漸進。

　　儘管如此，我發現極少股票一飛沖天，中途毫不停頓，也極少股票急轉直下，毫不停留。不管往哪個方向走，在各個價位，都有可能遭遇阻力增強。

　　檢視股價走勢圖，我可以看出這種阻力在圖形上

149

造成的影響。我發現，股票上漲到某個價位之後，好像撞到天花板，然後像網球那樣彈回來，下跌途中遇到地板而向上反彈，只是又像上次那樣遭遇相同的阻力。

我開始見到，股價是在一個狹窄的上下限之間來回波動，有如橡膠球在玻璃箱內彈來彈去。我心裡看到的畫面正是那個樣子——股票不再像蝙蝠般在鐘樓漫無方向，四處亂飛亂舞，而是有秩序地行進，節奏因為不同的個股而異，但每次行進都相當有規律，容易預測，能在心裡描繪走勢圖，以及理解為什麼那麼行進。

每天隨便看一眼，股票價格的波動沒什麼意義。例如，某支股票某日可能以35美元開盤，漲到當天的最高價38美元，然後以37美元收盤，比前一天漲2點。隔天，價格也許繼續上揚，也可能回跌到34、33美元……。誰能說會跌到哪裡？

但是研究比較長期的趨勢，雖然一開始不是很明顯，幸好愈來愈強——啊哈，終於有了！——那種瘋狂的走勢其實是有條理的——或者至少呈現某種秩序。一天漲跌3點的某支股票，拉長到約兩個星期去觀

察，我發現它的來回價差整整8點——從最低30美元到最高38美元。再回溯更早以前的紀錄，進一步證實我先前懷疑的事情。某日之前，這支股票是在比較低的價格區間內波動，曾經三、四次升抵30美元，卻無力突破。後來終於有一天，價格往上突破後，一直漲到新的上限38美元才打住。此後它就在低點30美元和高點38美元這兩個數字之間浮沉。這些數字形成反彈波動的界限。換句話說，它已經移動到30/38的新箱形區內。

　　我是不是就要有什麼大發現？我覺得自己有點像是伽利略（Galileo），不過還是需要繼續密切觀察。

　　再深入探究，我發現股票的整個上漲走勢，是由類似的行進方式構成的——從一個箱形區移動到另一個箱形區，而且在每個發展階段，價格會在明顯可見的上下限之間起伏一段期間，然後突破，進入下一個箱形區，再上下浮沉一段期間，如此持續下去。

　　因此，長期的價格走勢，不像隨意一眼看到的那樣漫無章法，而是由一連串的走勢構成。我可以把那一連串的走勢想像成高高疊起的箱子，一個疊一個。每個箱形區內，價格上下起伏或長或短的一段期間，

代表股票行進的一個階段，或者說是正在蓄積力量，準備對下一道阻力線展開新的攻擊行動，向上或向下挺進到下一個階段，延續已經建立起來的趨勢。

我無意中茅塞頓開。這就好比找到解開密碼之鑰；或者找到總開關，可以控制整座舞台的燈光效果。

箱形理論應用起來相當簡單，但需要作些實驗，而且我曾經失算。

我的第一步，是找出一種方法，明確建立起箱形區的上下限，以免將箱形區內的價格波動，錯當價格正走向下一個更高或較低的箱形區。

在心裡繪製快速變動的股票走勢圖，這種事情做起來不見得容易。我終於從經驗中學到利用一種規則。這種規則已經證明十拿九穩，非常準確。

為了確定一支股票的趨勢，我在《拜倫》周刊尋找每周的價格變動。快速翻閱以前的三、四期，加上最新的一期，便足以確定一支股票的價格波動區間。

但在股價從一個箱形區過渡到另一個箱形區的時期，我會準確掌握每天的價格波動，注意兩個最重要的因素。其一是當天交易的最高價格，另一是當天的

最低價。

　　一支股票的價格還在上漲或下跌時，價格波動可能如下表所示：

開盤	最高	最低	收盤	漲跌
35	37	$34\frac{1}{4}$	37	+2
37	38	36	$37\frac{1}{2}$	$+\frac{1}{2}$
37	41	36	40	+3

　　這種型態表示股價持續上漲。每一天的高價都高於前一天的高價，所以我留著箱形區的頭部處於打開的狀態。它要漲到什麼地方，可沒有限制。

　　但是一般來說，我發現漲勢終究有其極限。經過一段時間，原本促使股價竄奔榮途的買單減少，支撐漲勢的能量消散，股價暫時失去往前衝刺的力道。

　　接著我發現，再下來每一天的高價未能觸抵或者超越前一天的高價。

　　股價波動的型態可能如下所示：

最高	最低	收盤	漲跌
41	37	40	-1
$40\frac{1}{2}$	37	$40\frac{1}{2}$	$+\frac{1}{2}$
$40\frac{1}{2}$	$36\frac{1}{2}$	$40\frac{1}{4}$	$-\frac{1}{4}$

上漲過程中

（當我看到股價連續三天未能升抵前一天的高價（上例中是41美元），箱形區的頭部便可以確立）。那是相同的高價，代表缺乏買盤進場的阻力水準，現在成了新的上限，必須突破之後，股價才可望再次上揚。

建立起新的上限之後，當賣盤（通常代表若干數量的獲利了結）湧出，股價便止漲回軟。要確立箱形區的底部，我只要觀察接下來幾天股票的最低點在哪裡就行。（觀察股票連續三天下挫，但沒跌破的最低價格，便能確立新的底部。）

11/9 低7120
7050底部確
認

以剛剛的例子來說，新箱形區的底部是36½美元，所以我將這支股票放在36½到41美元的狹窄箱形區內，每天價格在這兩個數字之間起伏，（直到我注意到有夠多的能量產生，）出現新的突破，發出一段新漲勢展開的訊號。感覺上，我就像有了新玩具的孩子。

我開始使用箱形系統（box system）

我對自己說，現在大功告成了。我有了箱形區，建立起上下限。但接下來要怎麼做？這個箱形區有告訴我什麼時候買進和賣出嗎？我苦苦思索這些問題。

理論上，我的箱形法是個好工具。它告訴我個股的價格如何發展，所以有它的用處，除非遇到價格快速變動的期間，事情發生得太快，來不及確定上下限。

經過實際運用，我發現，我的方法最適合用在出現大好的機會，有許多快速上漲的股票可供選擇的市場中——這當然是指強勁的多頭市場。

我在往前推進的過程中，變得愈來愈精挑細選。我發現自己不敢奢望能夠知道——及時知道而採取行動——為什麼一支股票會從一個箱形區推升到下一個箱形區，而同一行業的另一支股票卻反其道而行。但由於我對「果」的興趣濃於「因」，所以我不太在意！對我來說，重要的是能夠看出趨勢，以及充分掌握趨勢。此外，我對成長最大化感興趣。

既然如此，選擇已經用實際的表現來展現它們能有什麼表現的股票，似乎才是唯一合理的做法。簡單的說，我決定把股票看成跑馬場上的賽馬，並且從外表評判它們。這個意思是說，那些跑在後面的股票便自動淘汰，即使它們以前可能領先也不管，而且我要集中全力，投資真的自我超越，看不出疲態的少數股票。

我是這麼想的：一支股票曾經是領先股，假設一

度升抵150美元，現在跌到40美元，但逐漸上漲，價格看起來也許相當便宜。不過，不要忘了，它可是在後面苦苦追趕，落居極其不利的條件。價格從150美元滑落到40美元，曾經在高價或者接近高價的水準，買進這支股票，後來被迫以較低的價格賣出的所有交易人，不可避免地慘遭嚴重的損失。所以在這支股票上漲的過程中，肯定有強大的心理阻力需要克服、龐大的失土需要收復，才會再次看起來像是贏家。

　　用這種方式來看，我覺得價格下跌的股票，和冠

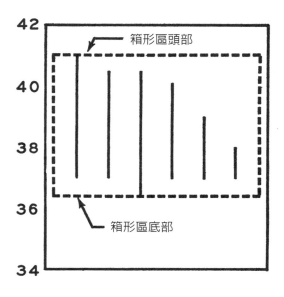

軍馬在跑道上落後的情況完全一樣。在牠可望跑贏之前，必須先把落後的差距給追回來。有些馬也許能夠後來居上。但依我之見，極少賽馬、賽跑選手，以及很少股票，本身擁有足夠的「衝力」（push），有辦法做到這一點。

根據類似這樣的推論，我作成結論：只有打破以前所有紀錄的股票，才真的引起我感興趣；這些股票不只價格上漲，而且落在歷年來最高的箱形區內。

我何時買進？

沒過多久，我就發現正確的時機十分重要。要知道一支股票是不是落在金字塔最高的箱形區內，只要去查標準普爾指數和《圖解股票》就行。它們把我感興趣的股票，歷年來的最高價告訴我，然後我用很快的速度，和目前的價格區間比較，便知道這支股票是不是落在最高箱形區內。如果是的話，我會很感興趣，準備好要向營業員下「買」單。剩下要做的事，是確定買進價格。

我是在穿越點（point of penetration）或者儘可能

靠近穿越點的地方找買價。穿越點累積的能量夠大，足以推動股價一舉突破上限，進入歷史性高點的新箱形區內。

因此，對於落在36½ / 41箱形區的股票（假設40美元是這支股票以前的歷史性最高價），當我看到明顯的跡象，發現股價就要穿越41美元的上限，也就是連續三天，每天的最高價突破41美元的上限，那麼不管每天的收盤價如何，我會遞出買單。

我如何買進？

使用「自動」一詞，很適合說明我怎麼做這件事，因為它相當精確地說明了我覺得非做不可的交易種類，以免失去龐大的利潤。

我仍在發展箱形系統的時候，已經有機會把它用在稱作路易斯安納土地探勘（LOUISIANA LAND & EXPLORATION）的一支股票上。它的價格已經穩定上漲幾個星期之久，從一個箱形區上升到另一個箱形區。當它看起來已經站穩最高的箱形區（上限是59¾），我決定買進。我打電話給營業員，要他在價格升抵61

美元的時候讓我知道；我認為那是正確的「買進」價位。

　　營業員果然打來電話，可惜整整兩個小時，找不到我的人。等到營業員終於用電話接通我，路易斯安納土地探勘的報價是63美元。我已經失去2點，就我本來打算買進100股來說，這表示短短幾個小時，我的口袋就少進帳200美元。

　　這支股票繼續上漲，證實我的判斷沒錯。我一方面感到興奮，另一方面氣惱自己錯過在底部進場，而且後來竟然忍不住以65美元的價格買進，結果雪上加霜，因為65美元剛好是新箱形區的頭部。

　　這是代價非常昂貴的一次錯誤，卻可能值得，因為我和營業員討論之後，他提出了可行的解決方法。以後，當我確定要買什麼股票，以及用什麼價格去買，我會請他下個到價買單（on-stop purchase order），在我想買的股票到達想要的價格水準時自動生效。

　　後來的經驗證明這個決定是明智之舉。我接下來的三筆交易，獲利2,442.36美元。它們是：

　　艾里甘尼魯德倫鋼鐵（ALLEGHENY LUDLUM STEEL）—200股，進入45／50箱形區時，以45¾美

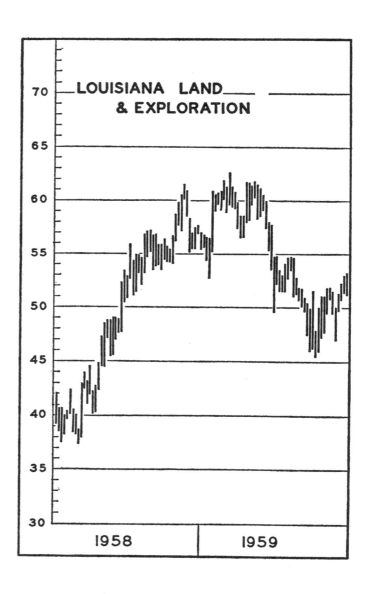

元的價格買進，三周後以51美元的價格賣出。

貝塞麥銅業（COPPER-BESSEMER）—300股，進入40╱50箱形區時，以40¾美元買進，45⅛美元賣出。

德萊塞實業（DRESSER INDUSTRIES）—300股，在它看起來就要進入84╱92箱形區時，以84美元買進，後來因為未能如我所想那般快速進入新箱形區，便在85美元賣出。

到價買單是往前跨進的一大步，在我日益壯大的軍火庫中，證明是非常好用的自動武器。我已有的炮彈包括選股技巧。選股時，我看一支股票有沒有超越它的歷史性高價，或者即將超越它的歷史性高價，並且藉觀察報價接近（但連續三個交易日並沒有穿越）歷史性高價的點，確立它的箱形區上限。現在我又有了一管巨砲——把到價買單下在突破價位上方最接近的1點之內。

我學會選對股票

對我和對其他許多人而言，時間本身就是金錢，

所以當然希望把資金投入能在最短的時間內創造最大報酬的地方；如果不是這樣的話，我不如投資建於舊法時期的出租公寓、耶誕樹林地，或者遠比普通股安全的許多賺錢管道之一。

我嘗試建立一套選股系統。華爾街每一天都有股票創下新高價，我當然沒辦法全部買進，也不想那麼做。所以我有必要精挑細選，把那份清單去蕪存菁。不要忘了，像希奧科那樣表現突出的股票（我靠它賺了約75萬美元），一支抵得過表現差的其他許多股票。我對短跑運動員沒興趣；那種人，急衝一百碼之後便洩了氣。能衝會跑，而且跑個不停的冠軍馬，我才有興趣。

我很早就發展出一套粗略選股的方法——只考慮那些股票的價值，不一定買進它們。我不必拿股票紀錄簿來苦苦思索，所以省下很多時間。

每個星期一次，我拿來最新一期的《拜倫》周刊，找一個安靜無人的地方，仔細閱讀統計單元。那個單元把上個星期的股票價格列了出來。

每一欄的股票名稱和上周價格的左邊，有兩小欄數字，代表每一支股票當年的最高價和最低價。（如

果是第一季，這張清單會包含前一年的交投數字。）

　　我手裡握著筆，快速從上往下瀏覽，比較每一支股票的最高價和最低價。當我看到當年的最高價至少是當年最低價的兩倍（換句話說，漲了100%以上），便自然而然橫向移動目光，再看那支股票當周的最高價。如果最高價等於或者和當年的最高價相差不過數點，我便用筆在欄外打個勾，然後繼續以相同的方式往下看。

　　不到一刻鐘，我便粗選好當周值得注意的股票。其餘的股票都是粗糠，棄之無妨。粗選出來的股票，當然不會不進一步研究就買進。

　　我接著在標準普爾指數、《圖解股票》，或者兩著並用，查粗選出來的那些股票。絕大部分情況中，我的清單上的股票，雖然處於或者接近當年的最高價，卻距歷史性高價還有一段距離。未能通過這個重要門檻的股票，自動剔除──不管它們看起來多麼吸引人。

　　然後我進一步測試它們，但這些測試大多需要依賴判斷，而且沒有絕對不變的準則。

我從成交量找線索

大體來說，我注意到，即將站上新高價位的股票，成交量會放大，表示交易人的買氣增濃。成交量少，意指買氣清淡。不過，成交量大本身並不重要，因為通用汽車或國際電話電報（INTERNATIONAL TELEPHONE & TELEGRAPH）之類的熱門股，流通在外股數高達數百萬，而且每週有數十萬股換手。

我找的是平常交投相當淡靜，最近成交量卻顯著增加的股票。我抱持的哲學是：**不管是股票，還是一般人，任何種類的異常行為，總有它的意義**。平常沉默寡言的人，突然活潑起來，一定表示有什麼好事發生——不苟言笑的官員，在晚餐桌上出乎意料唱起歌來，你可以猜他不是聽到天大的好消息，就是喝醉了。

我認為，平常交投清淡的股票，成交突然趨於活絡，便可據之判斷進場買賣的那些人相信——不管是根據他們哪些神秘莫測的理由——本來缺乏人氣的股票就要搖身成為好股票。我不知道為什麼他們這麼認為——等到我找出答案，可能為時已晚，來不及行動了。但他們這麼認為，這件事本身，對我來說已經夠

了，因為內部人（insiders）——和外部人（outsiders）一樣——總是根據他們相信的事情去採取行動。我相信，他們的買進行動，而不是他們的想法，將使股票價格上漲。

股票基本面

我在市場上有許多朋友，因為交際應酬而聚在一起時，總愛扯到生意經——女士們當然聽得索然無味。外表上，穿上西裝的我們看起來可能沒有兩樣，但骨子裡，我們往往分成南轅北轍的兩派。

其中一派，是以發行公司的財務資料，判斷一支股票的未來。這種人稱作基本派（fundamentalists），因為他們是跟著所謂的基本面（fundamentals）走。另一派則藉觀察股票的實際表現，研判它們的可能表現。

他們從市場得到的線索，是技術面的線索，所以他們稱作技術派（technicians）。我在難以預測、進出資金多達數百十億美元的華爾街待得愈久，對所謂的股票基本面愈缺乏信心，對股票本身的簡單觀察（容

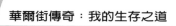

我補上一句，是我自己的觀察）則信心與日俱增。

但我並不認為，和企業、產業有關的基本資訊，在股票市場都沒有價值。

如果我得知有一顆像麗池飯店（Ritz）那麼大的鑽石，在麥迪遜廣場花園地底不遠處被發現，而華爾街還渾然不知，我一定打電話給營業員，要他以當時的價格，能買多少麥迪遜廣場花園的股票就買多少。

我也會考慮資本額等其他的因素。我會查標準普爾（Standard & Poor's）的資料，找一家公司發行多少股普通股（如果有的話，也會找優先股的發行股數）。這顯然是十分重要的資訊，能夠幫助我準確判斷某支股票的成交數量是高或低。通用汽車流通在外的普通股高達2億8300萬股，對它來說不高的市場成交量，對發行股數略高於1,600萬股，且有一半握在菲利浦石油（PHILLIPS PETROLEUM）手中的太平洋石油而言，卻是相當巨大的成交量。

儘管大部分市場分析師都相信，或者告訴我他們相信，我卻很難理解為什麼企業的盈餘對股票的價格有任何重要的影響。我知道盈餘影響企業準備配發的股利，但把錢存進任何儲蓄銀行，可以賺到一樣多或

甚至更多的錢，而且安全性高得多。

　　不過，透過簡單的觀察，我還是發現，信託基金、投資信託，以及其他的大型機構買主，必須把它們的錢——以及投資而得的利潤——投入某支股票。還有，十之八九，它們的決定主要是根據具有奇異魔力的盈餘對價格比（earnings-to-price ratio；譯註，它的倒數就是「本益比」）作成的。華爾街十分虔誠地相信這個數字。

　　我覺得，投資資金追尋盈餘的足跡，自然而然產生的結果，是使盈餘紀錄最好的股票價格上漲，或者，更好的說法是：盈餘升高預期心理最濃的股票，價格會上漲。我發現，選擇股票的時候，如果其他所有的因素都一樣，實際或者預期盈餘最引人注目的股票，是我最好的目標，因為許多交易人會去買它；他們做出的集體決定，當然會推高價格。

　　由於良好的心理面理由，我決定這麼做：對於我感興趣的股票，公司的事務除了絕對有必要知道之外，其餘一概不去瞭解。人很容易被不相干的因素影響。

　　不過，我還是必須知道，選中的股票是從事靜如

止水的行業，還是活力充沛的行業。就我所知，馬鞭製造公司的股票也許值得投資，但由於在街上行走的馬車數量已經不多，馬鞭的需求自然不大，所以馬鞭股不會在華爾街掀起滔天巨浪，除非有消息傳出，說某家馬鞭公司接獲政府的一大筆無線電望遠鏡天線合約，或者使它的未來顯得同樣明亮的其他任何事情。

因此，我發現自己選擇股票時，會比純用技術面方法去觀察股市看得更遠。

我在倫敦時，終於把它寫在紙上。可以說，我是在抗議的心情下，信筆塗鴉，隨手寫出一個可行的市場理論。那時我正在一家劇院看一齣沉悶無聊的英國音樂劇。中場休息時間，女引座員遞給我一副茶盤。多麼文明的習慣！我不想喝微溫的茶，所以掏出鉛筆和便箋本，草草寫下這些字：

股票投資方法

技術面	基本面
箱形系統	資本額
成交量	產業別
歷史性高價和目前價格的相對關係	預期盈餘
到價買單	

多看這份筆記幾眼，愈覺得我的方法融合了兩者。音樂家重回場內時，我正試著替我的方法取個正式的名稱。技基（Technimental）？不好聽。基技（Fundical）？很怪。技加基（Technofund）？無趣。技術基本派（Techno-fundamentalist），相當好聽。鄰座想看看我寫了什麼好東西，我遞過去給他，才一轉頭，效率好得出奇的女引座員便把茶盤、冷茶、餅乾和新出爐的財務系統給一股腦收走了。所以我很肯定一件事：技術基本派的成員可能不只我一人。

第 **7** 章
我的賣出辦法

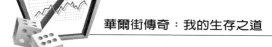

哲學家會說，期望獲得高報酬，卻不肯冒大風險，未免想得太美。可是不管在哪個領域，聰明的創業家追求的目標，始終是降低風險，同時大幅提高報酬。

人性總是如此希望，而且我們都知道有可能辦到，否則就不會有白手起家的百萬富翁。稍微瀏覽《名人錄》（Who's Who），可以發現許多人的財富，是在股票市場掙來的。

在我心裡，降低風險這個因素，一直擺在最重要的位置。沒錯，我想賺大錢——因為這麼一來便能愛做什麼就做什麼，也為了擊敗華爾街賭場這個極其美好的挑戰。但我更在意的是，不要失去已經是我的錢。

我生來凡事腳踏實地（不知這是好或壞），總覺得如果我用100美元買進一支股票之後，價格跌到90美元，那麼我不再是100美元的擁有者，而只持有一張股票，它的市場價值是90美元（還需要扣除手續費）。用其他任何方式來看這件事，都是很糟糕的一廂情願想法。我沒辦法欺騙自己，說我的100美元暫時去度假，馬上就會回來。真實的狀況雖然討人厭，卻不得不勇敢面對：我的錢——總共是100美元——

已經落到股票的賣方和營業員的口袋。它不再是我的。我交換得到的一張股票，以前的報價是100美元，現在只值90美元。或者80美元。或者70美元。誰知道下個星期、下個月、明年的價格是多少？

根據這種方式去推論，可以看得非常清楚，我只能擁有一種股票——價格真的已經上漲，或者不久的將來可望上漲的股票，而且那種希望，是根據到目前為止那支股票的強勁表現而來。持有價格不斷下跌的股票，只能邊做白日夢，邊看著有用的資金在眼前化為雲煙。

我的市場哲學，不是像華爾街的金科玉律說的「買低賣高」，而是買上漲中的股票，賣出下跌中的股票——愈早愈好。

有些交易人隨時把電話拿在手裡。我的操作生涯中，也曾有一段時間是這樣。我幾乎每隔十五分鐘就打電話給營業員，問：「羅瑞拉德（Lorillard）怎麼樣了？寶麗來（Polaroid）呢？」沒別的事好做，熱愛賭博的人，整天坐在大經紀商的交易廳，盯著行情表，閱讀新聞快報（不管它們是不是可能影響每個小時的市場動向），並且交換各種傳言。

我發現，太接近華爾街反而對我有害。我很容易被市場一點小小的波動、傳說即將展開的企業合併、收購、股票分割所左右；在這些事情的影響下，我絕對沒辦法堅持遵循任何系統。

相反的，遠離紐約，尤其是在我環遊世界的那兩年，操作獲利最多。

待在紐約，其實就等於和營業員近在咫尺，但我好像不管做什麼事都錯。我會緊張、沒耐性、害怕。我會太晚買進某些股票，太早賣出其他的股票。

到了世界其他地方，例如在東京、西貢，或者尼泊爾的加德滿都（Kathmandu；在那裡，我和華爾街唯一的連線，是印度公使勉強提供，卻不穩定的電報服務），我卻能重拾正確的眼光。

過期的《拜倫》晚了一個星期或更久才收到，告訴我那些股票做過什麼，而不是有人對它們說了什麼。謠傳已經隨風而逝。每天的分析專欄，對價格每一次的小跌或小漲，解釋得頭頭是道卻不可靠，這時終於露出馬腳──原來純屬推測的成分是那麼濃。我經由電纜從營業員那邊收到的每天簡短報價，只包含我最感興趣股票的最基本資訊──每天的最高、最低

和收盤價。我需要知道的所有事情，都有了。每天的報價和《拜倫》周刊合併使用，箱形系統運用起來，遠比坐在下曼哈頓某家號子的交易廳裡面要好。其中的理由，當然在於遠離現場的紛擾，去除和我的目的所有無關的外在因素之後，才能看清股票走勢的獨特型態。

但是，看清型態，只打完一半的仗。為了避免套牢在跌勢可能和漲勢同樣突然的市場中，我必須作好準備，在任何股票一有滑進下一個箱形區的跡象時，立刻賣出。在紐約，我只要打電話給營業員就行。在加德滿都，便需要有個自動化的安全機制——危險跡象一露，馬上替我賣出某支股票，不管我能不能找到營業員。

那個不可或缺的安全機制，便是停損單（STOP-LOSS ORDER）。這是我的軍械庫中，第二種和最重要的自動武器。

少了它，我就得依賴通訊工具，可是通訊工具卻那麼不可靠，而且可能好幾個小時，或者好幾天，根本沒有通訊工具可用。有了它，箱形系統便十分完美。我能在距華爾街幾千哩遠的地方工作，成果不只

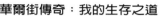

和我人在現場一樣好，更應該說有過之而無不及。最棒的是，每天晚上我都能睡個好覺，因為我知道，不管華爾街發生什麼事情，虧損都不會在我睡著時愈滾愈大。滑出箱形區的任何股票，都會被自動賣出，賣價很接近如果我當自己的營業員，在交易所營業廳操作，一定會賣掉的價位。

停損單一點不複雜。和到價買單一樣，都是事先遞出的委託單，由收取手續費的經紀商，傳給經手特定股票的專員，指示他在股票跌到預定的價格時賣出。

我如何運用停損單？

我在最接近向上穿越點上方1點內的價位買進股票。我的理論，有我觀察幾百支個股的獨特走勢作為支持。這個理由告訴我，只要股票仍落在箱形區的上下限之內——換句話說，只要價格仍在市場的走勢為它建立的區間裡面——我並不操心它每個小時或每天特有的波動。但在股票穿越之前一再彈回的價格上限那一刻，我便放手買進。我買，是因為經驗告訴我，

一旦一支股票往上脫離它的箱形區，可能就會繼續上漲，直到將它上推、突破原有價格上限的累積買進力量耗盡為止。

當一支股票突破箱形區的頭部，我認為應該一躍而起，採取行動，因為原來的情況中，有些事情改變了。新的上升走勢，是由買盤需求迅速擴增的壓力激起的——不必去管需求增加的理由是什麼。那種買盤壓力推動價格上漲，就像活塞頭後面的蒸氣蓄積壓力，直到到達壓縮點，突然之間便將活塞往前頂那樣。

但是從另一面來說，我也發現，有些股票本來在箱形區內相當安穩地來回浮沉，突然之間卻急轉直下。原來跌不破的那個底部，表示有某種東西在支撐價格。但不管那種支撐的性質為何——其實根本不必知道到底是什麼性質——當支撐撤守，我知道一定發生了什麼重要的事情。於是我斷然賣出，因為一旦箱形區破底，便無從得知價格可能跌得多深，或者什麼時候會有支撐力道在較低的價位集結，止住重跌走勢。

我發現，持有價格持續下跌的股票有弊無利。這一點，和別人告訴我的不同，因為每跌1點，就表示損失1,000美元或更多，而止跌回升的希望，和賭徒一

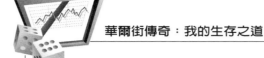

廂情願的想法沒有兩樣。我要在我肯定是下跌走勢展開的那一刻就賣掉，抑制我的虧損。賣出股票的那一點，正是價格穿越箱形區底部的點。

一支股票跌到箱形區的底部再反彈，多少次都隨它高興。其實，我認為那種反彈帶有健康的影響，就像短跑運動員起跑之前，原地上下跳好使身體更加敏捷。它會提供能量，讓反彈的力量更強，因為在這個過程中，一些意志不堅或者猶疑不決的交易人會被沖洗出場，一旦漲勢真正發動，便不會有這些人的獲利回吐賣壓，削弱股價的上漲勁道。

因此，如果一支股票落在35／40的箱形區內，我並不關心它多常跌到35美元。但在它跌破箱形區底部的那一刻，我便脫手，因為我知道一定發生了什麼事情，減弱它獲得的支撐，而且我無法預測它會跌得多深，才能在較低的價位找到新的支撐，確立一個新的箱形區。

所以說，我會在最接近箱形區底部的下方1點之內下停損單。在這之前，當然要慎重確定那個箱形區的大小。

其實，我在停損單的運用上，就像賭徒儘量留住

好牌，直到真的有必要，非得攤開在牌桌上不可。我把停損單當作一張網使用。我買股票的時候，經常滿懷信心，相信它們會上漲──我想，一支新股票就像一把新掃帚，能把地面掃得很乾淨，但不見得永遠如此。因此，當新買的股票出乎我意料之外，轉而向下，我會希望抑制虧損。這時停損單的作用就像安全網、自動斷路器，在我的買價之下不到1點的地方認賠賣出。它也幫助我睡得更安穩。我大可買了新股票之後，遠離國門，忘了它，卻知道時時受到掩護。

　　有個年輕的律師，是我的好朋友，也一樣對股市感興趣。一天，我們在隆尚（Longchamps）共進午餐，然後像平常那樣，又對我使用的方法起了爭議。哈佛大學畢業的他，覺得我的方法根本是不按牌理出牌。「你不過一直運氣都不錯罷了，」他說。

　　「聽聽我說，」我試著解釋，掏出一枝鉛筆，在隆尚的桌布邊畫邊說。「假設一支股票落在35／40的箱形區，為了簡化起見，也假設40美元是它的歷史性高價。我從觀察股票的特有波動情形和箱形系統，知道一旦這支股票突破40美元，上升趨勢便告確立，而且應該在這一點買進。因此，我在40 $\frac{1}{8}$ 美元下了一張

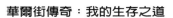

到價買單。由於經由觀察，我也相信一支股票上升到新高箱形區之後，不可能跌到它的穿越點以下（除非趨勢確實反轉），所以我會在40⅛美元下到價買單的同時，也在39⅞美元下一張停損單。就我的目的來說，在更高的新箱形區大小能夠確定之前，39⅞美元成了安全線──價格到了這一點，我會認為股價正在下跌，所以賣出。」

對我來說，停損單永遠是一張安全網，而且，就像在危險的高處作業的工人，我總是在往上爬的同時，把它張開在後面。要是我不小心跌下去，還有網子接住我；我絕對不會跌一層樓以上──或者，就股市來說，不會跌超過一個箱形區。

我早就知道停損單作為安全網的價值，但它也有其他的價值。我從經驗得知，在哪一點該買，而且運作得很好。但是何時該賣的竅門，比較難以摸清。

用箱形系統畫股價走勢圖時，我看到了上升趨勢。我沒辦法看到的，也猜不出來的是股票何時升抵它的最高價。

我的折衷做法，是盡可能賣到接近最高價──明確的說，那一點是指股票已經到達上層箱形區，卻反

轉而下，跌破上層箱形區的底部，發出進入下跌趨勢
的確實訊號。為確保我能在距那個最高價幾點之內賣
出，我要做的事，只是在股價上漲的同時，調高停損
單的位置。我並沒有正好賣到最高價，但一定距它不
遠。

　　這種自動平倉出場的做法，是我將機率導向對自
己有利、把損失降到最低、趕緊兌換籌碼以免太晚、
保護已有利潤的方法。而且號子也獲利！

自動出場使我成了小先知

　　經常有人稱我是「在股市賺到二百萬美元的那個
人」。其實，也可以說我是「預測到崩盤的那個
人」；或者是小先知。因為我的系統預見1962年5月
30日的股市大跌。我因為實務上的理由，已經提早四
個半月出場。但這麼說，或許高估了這次股市大跌的
重要性。

　　事實上，1962年5月的市場，早就該出現專家所
說的「回檔修正」（correction）。而且，稍微研究一下
任何長期的股價走勢圖，都會知道市場本質上榮枯相

生，「多頭」（bullish）和「空頭」（bearish）行情交替出現的節奏相當規律。六二年的崩盤除了跌幅，並沒有什麼不同尋常之處。股價跌得比平常要重，是因為它們漲到遠比以前要高的高點，所以跌得更重。

營業員和市場「分析師」喜歡用概化的辭彙來談股票市場，好像它是某種有智慧，或者至少是有感情的實體，會表現它的情緒、消沉、亢奮、各種健康或貧血狀態。這種談論方式相當生動，不過那只是比喻性的說法。

其實，不管是牛（bull），還是熊（bear；譯註：bull用於形容多頭市場，bear用於形容空頭市場），世界上根本沒有「股票市場」這種動物。**我們只有一個大賭場（以及各個規模比較小的賭場），成千上萬貪婪的賭客和一些頭腦冷靜的人，用自己的籌碼在那裡下賭。**

這些人賭一支股票的樂觀情緒濃於悲觀情緒時，它的價格會上漲。如果相反的情況出現，價格則下跌。要是下跌的股票檔數多於上漲，我們說那是「空頭」（bear）市場。這就像非常複雜的配對遊戲。

　在我看來，想贏的唯一辦法，是觀察那裡是怎麼

賭的。我下一筆賭金，一直放在賭桌上，並且講明（利用停損單）：如果沒放在賭桌，那就表示不賭了。

　　有理由讓它看起來比實際要複雜的人，喜歡用概括的辭彙去談它。比方說，常常有人用道瓊三十種工業股價指數等標準，衡量股票市場「整體的成長」（over-all growth）──意思是指所有的股票。

　　在某種程度內，我受到這種想法的影響，而且這種影響可能是對的，因為股價指數和個股的表現之間，有心理層面的關係存在。當交易人相信「市場」就要下跌，他們便遲遲不願買進任何股票。

　　但不見得一定要這麼做，當情況反轉，指數上漲，我要做的事，只是趕快上車。在「漲勢市場」中，肯定會有許多股票上漲。如果不是這樣的話，指數顯然不會上漲。但即使在指數飛升的時候，我還是看到許多股票下跌。個股不斷來回波動，每個星期、每一天，而且經常是每一分鐘，漲跌不定。

　　我的一位營業員在業務談話之餘告訴我，投資普通股是贏過通貨膨脹最好的方法；因為多年來道瓊指數和其他指數的漲幅，趕得上或者超越其他地方的物價上漲──儲蓄的固定收益、債券利息等，則跟不上

腳步，而且投資資金保持不變。

這是相當膚淺的分析，因為它是根據抽象的概念——除了是個概念之外，其實是並不存在的東西。沒錯，今天的道瓊工業股價指數遠高於二十年前，但被人忽略的是，計算指數所用的三十支股票不見得年年相同。下跌的股票已遭剔除，改用新的股票取代。

指數正在上漲。很好。但我的股票呢？可惜我不能買指數股票。我必須去賭某一支、兩支或三支個股。然而指數永遠不會告訴我，這些特定的股票可能有什麼樣的表現。

指數（有點像是柏拉圖式的理想）和個別、具體股票之間的差異，讓人想起非常經典的一句話。亞里斯多德（Aristotle）當年提起另一位希臘名人的作品時說：「我寫的是人應該如何；歐里庇得斯（Euripides）寫的是他們的現狀。」

經驗告訴我，要注意股票的現狀，根據它們的個別表現去評估每一支股票。

至於指數，它們是一種虛幻的東西。我們找不到真的指數股。「市場」這個概念，你只能說它像天氣或季節。

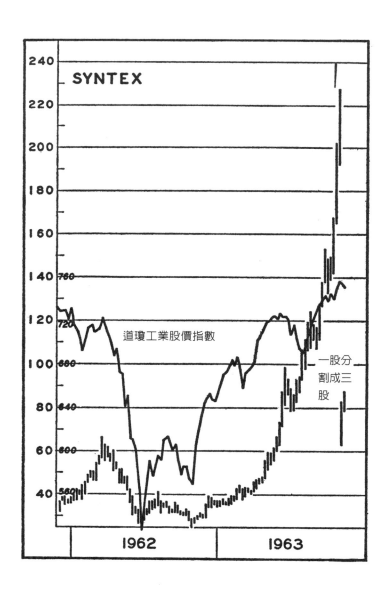

SYNTEX

道瓊工業股價指數

一股分
割成三
股

1962　　1963

夏天艷陽高照，氣溫上升——當然了，這是安排任何活動時需要考慮的事情。但是說陽光普照，並不保證不會有局部雷陣雨發生，或者山上晚間不會冷得叫人發抖。我就看過六月雪。

我要說的是，季節這個集體描述的一組情況中，其實包含許多各式各樣的差異。要能始終優遊於所有的季節之中，我必須有所選擇才行。我不能在別人的日光底下取暖，也不能因為不想淋濕而躲在一張「一般性」（average；譯註：也有「指數」的意思）的大傘底下。我需要自己的一把傘，而且必須是自動傘。

在無數的市場雨季，其中幾次下起傾盆大雨，以及1962年5月的狂風暴雨中，保護我不被淋濕的那把自動傘，就是停損單。

1957年秋，箱形理論和它的小弟停損單，開始幫我賺進大錢。那時候，正逢我巡迴世界兩年的舞蹈之旅展開。幫助我賺進大錢的那支股票叫做羅瑞拉德（Lorillard）。以前我不曾聽過這家公司。在西貢的彩虹（Arc En-Ciel）演出時，我也不知道人們對癌症的恐懼，即將促使濾嘴香菸在美國大賣。

談到股票，唯一吸引我注意的，是它的表現。當

時「市場」低迷不振。我不需要收費高的專家告訴我
這件事。從《拜倫》周刊列出的絕大多數股票的表
現，可以明顯看到大盤走軟。大部分股票都在下跌。
但羅瑞拉德除外。「大盤」幾乎只有它一漲、再漲、
又漲。

　　回頭去查資料，我發現它在很短的時間內，從17
美元一路飆漲到27美元，成交量也穩定放大──10月
的第一個星期約為12萬7000股，遠高於那一年稍早之
前每周約1萬股的成交量。

　　羅瑞拉德這時已經站穩24/27的狹窄箱形區。根據
過去的表現，我判斷它很可能至少再漲3或4點──如
果突破27美元的話。因此，當羅瑞拉德無畏於大盤的
下跌趨勢，仍在箱形區內上下亂跳時，我發了一封電
報給營業員，指示用27½美元的到價買單和26美元的
停損單，買進200股羅瑞拉德。

　　從上面的委託單可以看出，這時的我還沒有嚴格
遵守箱形理論。如果有遵守的話，停損點就會設得更
靠近買進價格。但我的方法還沒有完全發展好，而且
覺得，不妨為假波動多留點空間。即使如此，這支股
票還是出乎意料反轉向下走了一天，我在26美元賣

出。同一天，它反彈回升到26¾美元。

這實在是叫人洩氣的經驗，但漲勢持續行進，而且我是那麼確定自己原則上是對的，所以在28¾美元的價位把它買回來。

後來的走勢發展，證明我作對了決定。到了12月，羅瑞拉德站穩31／35的新箱形區。1月間，它開始再次往上衝刺。現在，曼谷的表演行程已經結束，我前往日本，卻還是能從《拜倫》（透過空運寄給我，通常只晚個幾天便收到）和營業員每天拍來的電報（發給我當時感興趣的股票報價），得到所有需要知道的市場資訊。

在東京的時候，我發電報要營業員加碼買進400股羅瑞拉德。這些股票是在35到36½美元之間買到。

羅瑞拉德的漲勢持續不斷，一路漲到44⅜美元，才首度大幅回檔。2月19日，它突然跌到36¾美元的低點，收盤回升到37¾美元，反映了一則不利的報導，質疑香菸濾嘴的功效，引發短暫的恐慌。我擔心價格跌得更深，馬上拍電報到紐約，把停損點提高到36美元。

跌勢證明只是瞎緊張一場。價格回升，我在上漲

途中，再買400股——這一次的進價是38⅝美元。到了3月，羅瑞拉德穩穩站進50／54的箱形區，我把現在擁有的1,000股股票的停損點提高到49美元。

在價格從28¾到38⅝美元之間買進的這些股票，總成本是35,827.50美元，但最後三筆辦理融資買進，所以我保留了相當多的操作資金，可用於其他的交易。

羅瑞拉德繼續維持上漲力道幾個星期，然後開始欲振乏力。5月中旬，看到它的走勢不如我期待的那麼富於活力，以及成交量萎縮，我決定賣出，把錢用到別處。停損點固然能夠保護我不致發生重大的損失，但我覺得，光是縮手不動，我就已經在賠錢。

1,000股股票的平均賣出價格是57⅜美元，總收入是56,880.45美元。獲利：21,052.95美元。在此同時，我對箱形理論的信心，因為把它用在另一支股票上而更見增強。那支股票叫大來俱樂部（DINERS' CLUB），剛在美國流行起來。

我第一次買進500股，進價24½美元，不久又買進500股，進價是26⅛美元。大來俱樂部快速上漲，通過可說近乎完美的一連串箱形區——28／30，然後是32／36，最後在3月底升抵36½／40。我同時將停損點提

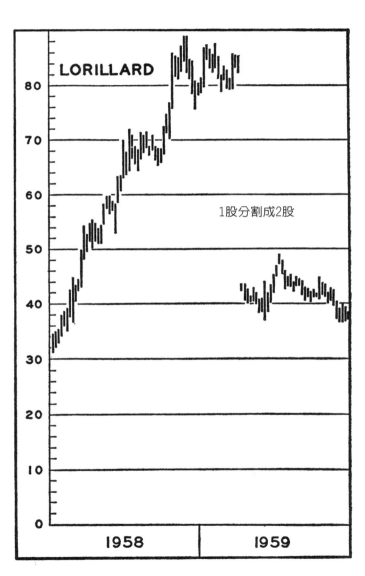

高到最後一個箱形區底部下方最接近的1點之內，也就是設為36⅜美元。

　　經過一段走勢游移不定的期間，大來俱樂部的買氣開始減弱，4月的最後一個星期，箱形區的底部跌破，我馬上賣出。賣價扣掉手續費：35,848.85美元。獲利：10,328.05美元。

　　有了羅瑞拉德和大來俱樂部的獲利，我準備大顯身手，也很快就找到目標。新相中的股票叫布魯斯（E. L. BRUCE），它在1958年4月開始爆出驚人的成交量，到了5月，每個星期的成交量遠高於7萬5000股，而且價隨量漲，兩個月內便從18美元飆升到50美元。

　　現在我有足夠的資金，投入一支飆漲股。我在5月間的買進紀錄如下：

500股布魯斯，50¾美元

500股布魯斯，51⅛美元

500股布魯斯，51¾美元

500股布魯斯，52¾美元

500股布魯斯，53⅝美元

　　2,500股的總價格是130,687.55美元，但由於融資

五成，實際投資的現金只有這個數字的一半左右。

這段期間，幕後運作的力量很大，影響著布魯斯的價格，但我一無所知。我知道的事情，只是《拜倫》和營業員——為了便於運用，現在有三位——每天拍來的電報告訴我的。

我在加爾各答的豪華飯店（Grand Hotel）接到一通電話，通知我美國證交所突然暫停交易布魯斯的股票，差一點以為就要發生虧損。現在它的價格是77美元。

我的一位營業員在電話中告訴我，好像這家公司正演出經營權之爭。紐約製造商愛德華・吉爾伯特（Edward Gilbert）和一群同夥，正忙著收購股票，導致成交量大增，也刺激一些交易人大舉放空，因為他們根本不知道這家公司背後的大戶角力行動。他們不相信價格會繼續漲下去。

但價格就是漲個不停，空頭被迫不計任何代價，必須買回布魯斯的股票來歸還。結果情況一片混亂，美國證交所的董事最後認為，不可能維持這支股票的有秩序交易。

暫停交易當然沒有解決空頭的問題。他們還是必

須歸還借來的股票。這表示他們必須到店頭市場去買，而且，能用什麼價格買到，就得用什麼價格去買。店頭價格已經漲到100美元。我的營業員問：你想賣嗎？

這可是個10萬美元的問題──大約是我那時的獲利。它也是個原則問題。如果我的理論正確，那就找不到任何可能的理由（除非急需現金），把上漲中的股票給賣掉。

我決定抱牢不放。價格繼續上漲。由於這支股票現在是在店頭市場交易，所以我缺乏停損單的安全保障。許多營業員不斷出價要買，一次高過一次。最後，價格好像到了高原期，我開始拋出，一次賣100或200股。全部2,500股，總共賣到42萬7500美元左右──平均每股171美元。

我的獲利是295,305.45美元，大賺了一票，並且證實我的系統的確有效。後來還有更大手筆的交易，但無一比得上這筆令我滿意。

布魯斯的經營權之爭，後來上了國際新聞媒體，而且從頭到尾，是相當有趣的故事。最後攤牌時，愛德華・吉爾伯特被沖洗出場，至於我，要感謝我的系

統和一點好運道，抱走一筆贏來的可觀財富。

在以後一長串交易的每一步，我繼續測試和改良箱形理論，其中以前面提過的希奧科，賺進最多的錢，一舉獲利約86萬2000美元。

一路走來，我瞭解一件事：**愈是嚴謹地遵循自己的理論，我賺得愈多，也愈不需要操心。** 一偏離這套理論，我總是錯的。當市場開始轉向，以及1962年5月崩盤之前一年，首次感受到風吹草動的跡象時，更是如此。

那個時候，我慢慢注意到，我買的股票並不像應有的表現那樣，往上推進到更高一層的新箱形區內。普通股的需求減低，更高一層的新箱形區不如以前那麼常見。為了補償這種古怪的走勢，我忍不住調低停損點——更加依賴自己的判斷和第六感。

不管是什麼系統，都應該和使用它們的人合得來。對某種個性的人來說管用的系統，不見得完全適用於另一個人。而且，股票市場和其他地方一樣，有空間能夠容納一定數量，出於直覺的臆測。

不過，直覺錯了的時候，就得付出代價。有時，

我需要付出那種代價。

　　舉例來說，我從羅瑞拉德賺了可觀的利潤之後，對它生出好感。曾經讓我賺得那麼滿意的股票，自然而然屢屢被它吸引回去。結果如下所述：

　　我曾經三次，認為羅瑞拉德就要展開另一次的漲勢，於是進場測試手氣。第一次在70½美元買進1,000股，67⅞美元賣出，虧損3,590.76美元。不算多。我再試一次，在69⅛美元買500股，67¾美元賣出。我不死心，堅信自己的看法是對的，於是又在67¾美元買進1,000股，這一次把停損點設在接近買價的地方，希望萬一我的進場時機判斷再次證明是錯的時候，將虧損壓到最低。這麼做，做對了，因為不久就以67美元賣出。

　　這三筆操作，損失合計6,472美元。這段經驗，治好了我迷戀「心愛」股的毛病。我沒那本事，在股市裡養不起寵物。

　　我應該也已經看到了最後一次買羅瑞拉德的經驗，對我使用停損單的含意：運用時愈嚴格，蒙受的損失愈少。拿第一次買進虧損3,590美元，和第三次僅僅虧損1,712美元比較為例來說。每一次我都是買1,000股。兩者的差別，在於一次允許買價和停損點相差2

點以上；另一次只差¾點。因此，常識告訴我，要把停損點設在盡可能靠近箱形區底部的地方。

我認為，股票也有它們的「性格」，所以有些時候，會因為它們的性格而網開一面。股票不會全有一模一樣的表現。有些會發展出獨特的性格，而且，就像舞台上的首席女歌手，變得倜儻不群。但是與眾不同也有它的極限。偏差的行為頂多只能容忍到某種程度。超過了那一點，只好很有禮貌地說：「對不起，夫人，恐怕這裡容不下妳。妳和我的箱形系統合不來，所以——後會有期。」

1961年秋，看起來我和所有的股票都說了再會，其中有些，認識的時間很短暫。一支接一支股票，買了之後都出清。有時，相同的股票綻現回升的跡象，我會買回它們，只是大門又在我面前砰然一聲關上。

我用這種方式，和下面這些股票分手：

增你智無線（ZENITH RADIO，分割之前），163美元買進，157美元賣出；再於192¾美元買進，又於187¼美元停損出場。

先科儀器（CENCO INSTRUMENTS），72美元買進，69⅛美元賣出；目前約為42美元，之前曾跌到

$28 \frac{1}{4}$ 美元。

　　你聽了也許很驚訝——但確實如此——1961年，我仍在學習或是溫習我學到的教訓。那時我的虧損更大，因為股票的動向比較不確定。雖然許多股票仍在邁向新高價的途中，專業交易人一定已經開始感受到榮景不可能持續下去。

　　結果是出現更多的空頭殺盤，以及獲利了結賣壓不斷——這些，使得漲勢難以順暢，中途走走停停，有時更突然拉回。

　　舉例來說，1961年5月，我試探性購買100股的M.C.A.，$67\frac{1}{2}$美元到價買進，$65\frac{3}{4}$美元賣出。實際的現金損失不大，但每股可是賠掉 $1\frac{3}{4}$ 點。如果我買的是1,000股，而不是100股，損失就會高達1,750美元。

　　同年9月，類似的情況中，我以$181\frac{3}{4}$美元買進300股美強生（MEAD JOHNSON），$169\frac{1}{2}$美元停損賣出。我故意把停損點設得很低，理由是約12點的波動，對那種價位的股票來說並不大，漲跌幅度不過5%左右。縱使如此，損失3,600美元也不小。

　　賠錢的股票不只這些。當賠錢的股票似乎愈來愈多，而且沒有改善的希望時，我乾脆停止買進。1962

年1月，我完全退出市場，帳戶裡連一支股票也沒有，心裡也沒有想買的目標。

一定有什麼事情不對勁。

股票營業員、華爾街賭場的情報販子、投資預測服務組織，仍然大談多頭市場；道瓊工業股價指數攻上700點，邁向新高。但是根據我的經驗，空頭市場已經悄悄掩至。找不到股票進入更高的新箱形區。價格已經太高，沒辦法再像以前讓我迅速累積財富那樣快速上漲。現在除了鬆口氣休息一下，觀望接下來會發生什麼，沒別的事好做。

發現這件事，我並沒有要往自己臉上貼金的意思。這和我個人是不是聰明敏銳無關，也和預言的天賦沾不上邊。我的箱形系統有自動平倉出場的功能，是它為我做了這件事。

市場本身經由它自己的行為，在價格趨勢開始反轉的那個點，自動按下斷路器，把我選上的每一支股票停損出場，同時發出危險訊號。

這是為什麼5月崩盤到來的時候，我已經好幾個月不在場內，並且能夠好整以暇，坐在廣場飯店的橡廳酒吧，輕啜雞尾酒，邊翻報紙的原因。

　　那個時候，我才瞭解，我煞費苦心設計的系統，最美的部分，不在創造我的財富。遠比這件事無限重要的是——它讓我能夠保住財富！

第**8**章

戰 果

　　再次引用摩根的話，真不幸，除了「它會波動」這個事實，沒人能夠保證股票市場一定發生任何事情。

　　導致股市波動的原因，和使賭馬能夠進行的因素相同——人的看法不同。有些投機客認為奧的斯電梯（OTIS ELEVATOR）會上漲；其他人認為它會下跌。他們因此各下賭注，也因為這些賭注，使得它上漲或下跌。

　　至於我，則試著密切觀察那些人的行為，同時觀察股票實際往哪個方向走，然後才下賭注。

　　我認識許多人，一開始很有錢，在賭場連本帶利賺進更多的錢。我第一次買股票，本錢只有3,000美元，卻賺了很多利潤。

　　最近一次宴會上，有位年輕的舞者攔住我。「你不就是寫那本股票市場書的尼克・達華斯嗎？」然後她請我給點意見。她說，舞蹈生涯「好玩卻吃不飽」，所以考慮進入股票市場。「那麼請聽好，」我告訴她，「如果妳拿不出5,000美元放在桌上，那就玩不起。」她氣我態度不好，轉身便走。我在心裡對自己說：「尼克啊，**別想當每個人的園丁，自家的庭院照顧好就好。**」我想，我只能單槍匹馬進賭場，像獨行俠那樣玩，像

獨行俠那樣離開──而且期盼自己是個贏家！

　　到目前為止，我的方法運用得很成功。沒錯，我是在賭博。但我是用從經驗養成的慎重態度去賭。我知道一件事：被某樣東西燙傷之後，我會遠離它。我買過便宜股，結果其糟無比：虧損、虧損、虧損。另外還得支付很高的手續費。

　　就我的目標來說，便宜股的表現太不規律：經手這些股票的場內交易員，不必支付手續費。他們是擅長打帶跑游擊戰術的高手，這裡賺個八分之一點，那裡撈個四分之一點。結果產生起伏不定的走勢和不穩定的箱形區。交易人不會用相同的方式，小看比較貴的股票──他們比較尊敬那些股票。因此，它們的漲跌比較有秩序和容易觀察。

　　我的目標是選中上漲百分率最大的股票；因為我長久以來認為，我不可能每次都選對。因此，我必須做的事，是用這種方式，管理我的投機行為：**賠的時候只小賠；賺的時候則大賺！**

　　談到減低虧損，停損單是我的主要武器。嚴密運用箱形理論，是我所知選對贏家股的唯一系統，而且到目前為止，它為我出了很大的力。

我的箱形理論和停損單，繼續運作得很好，用最近一筆交易為例來說：

我買的這支股票，是走勢凌厲的控制資料（CONTROL DATA）。早在1963年4月，我就注意到控制資料的交投有趨於熱絡的跡象，成交量和價格都上揚。那一年的低點是36美元。5月初，漲到51¼美元。查了標準普爾指數之後，我發現這支股票從前一年的低點19美元一路漲上來。而且，現在它距歷史性高價52美元不到1點。

看起來像是贏家股，我應該更密切追蹤它。遺憾的是，我必須前往巴黎處理商務幾個星期，而且另有其他的雜務纏身。

回國後，我發現控制資料已經一舉突破先前的上限，繼續節節上漲。由於沒辦法知道漲勢會持續多久，所以沒什麼事情好做，只能等待走勢轉平，建立起新的箱形區。

當我認為已經看到新的箱形區確立，便下了一張到價買單，在63美元買進500股，並將停損單設在62½美元，比我認為的當時上限低不到1點。

6月25日，營業員發給我的電報寫道：

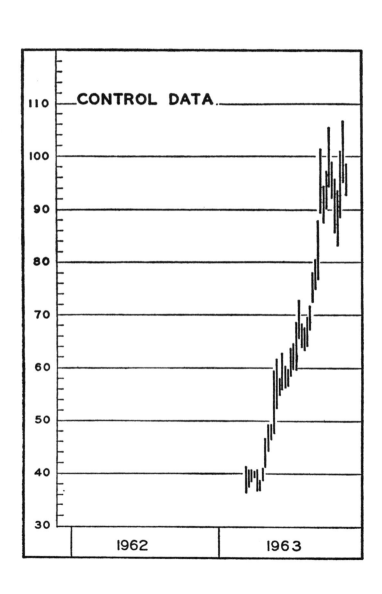

63美元到價買500股CD，62½美元停損賣500股CD

那一天的價格其實最高曾經漲到63¾美元才滑落。我相信回跌只是暫時的，所以再遞出委託單，結果又停損出場！但這次的回跌比上次更短暫。控制資料在觸發我的停損單執行的一筆賣單消化完之後，立即反彈向上。我肯定自己的看法沒錯，決定一定要擁有這支股票。

7月5日，營業員晚上拍來的電報寫道：

65⅞美元到價買500股CD

之後的附註告訴我，這支股票的收盤價是68½美元。控制資料當天最高漲到68⅝美元之後回軟。周五的收盤價是68⅝美元。周一衝破71美元，看不到上限。

我賣出控制資料也做得很好。這再次證明我已經找到答案——也許是個買彩券的好系統。百分之百簡單明瞭？當然不然，但對我來說，卻是最好的方法。

我發現，我可能在賠率對我不利的情況下走進賭

場。那個地方，擠滿了莊家、發牌員、情報販子。他們看著我靜靜地玩，不惹人注意，不太常贏……結果卻還是贏家。

　　華爾街並不適合每一個人。它當然不適合輸不起的人。如果我缺乏承受損失的能力，就不夠資格坐上賭桌或進華爾街賭場。

　　華爾街不是個慈善機構。我走進這座賭場的時候，是張大著眼睛，就像走進拉斯維加斯的賭場那樣。我不理會喧囂的話語，只看股票的走勢，然後試自己的手氣。

寰宇出版網站

2008 新版上線
www.ipci.com.tw

邀請您加入會員，共襄盛舉！

新增功能

1. 討論園地：分享名家投資心得及最新書評
2. 名師推薦：名師好書推薦
3. 精采電子報回顧：寰宇最新訊息不漏接

在投資的路上，寰宇出版與您一起「累積投資智慧，創造富足人生」

寰宇圖書分類

投 資 策 略

分類號	書 名	書號	定價	分類號	書 名	書號	定價
1	股市真理與驗證	F024	220	26	零合生存策略	F168	250
2	經濟指標圖解	F025	300	27	高科技‧新希望	F173	400
3	穩操勝算	F029	400	28	金融特殊投資策略	F177	500
4	進軍新興工業國家股市	F037	300	29	回歸基本面	F180	450
5	賣股票致勝戰略	F039	350	30	華爾街財神	F181	370
6	技術分析大師論金融操作	F041	550	31	股票成交量操作戰術	F182	420
7	贏家操作策略	F044	350	32	股票長短線致富術	F183	350
8	搖錢樹	F057	250	33	交易，簡單最好！	F192	320
9	股市投資心理分析	F059	400	34	股價走勢圖精論	F198	250
10	股市投資價值分析	F065	350	35	價值投資五大關鍵	F200	360
11	經濟指標精論	F069	420	36	計量技術操盤策略（上）	F201	300
12	混沌操作法	F077	360	37	計量技術操盤策略（下）	F202	270
13	股票作手傑西‧李佛摩操盤術	F080	180	38	震盪盤操作策略	F205	490
14	投資幻象	F089	320	39	透視避險基金	F209	440
15	史瓦格期貨基本分析（上）	F103	480	40	看準市場脈動投機術	F211	420
16	史瓦格期貨基本分析（下）	F104	480	41	歐尼爾的股市賺錢術	F214	480
17	股票交易原理	F131	300	42	巨波投資法	F216	480
18	你也可以成為股票操作高手	F138	420	43	股海奇兵	F219	350
19	操作心經：全球頂尖交易員提供的操作建議	F139	360	44	混沌操作法 II	F220	450
20	攻守四大戰技	F140	360	45	傑西‧李佛摩股市操盤術 (完整版)	F235	380
21	股票初步	F145	380	46	股市獲利倍增術	F236	430
22	證券分析初步	F150	360	47	資產配置投資策略	F245	450
23	小型煉金術	F159	480	48	智慧型資產配置	F250	350
24	反向操作實戰策略	F161	400	49	SRI 社會責任投資	F251	450
25	股票期貨操盤技巧指南	F167	250	50	混沌操作法新解	F270	400

程 式 交 易

分類號	書 名	書號	定價	分類號	書 名	書號	定價
1	高勝算操盤（上）	F196	320	5	計量技術操盤策略（下）	F202	270
2	高勝算操盤（下）	F197	270	6	《交易大師》操盤密碼	F208	380
3	狙擊手操作法	F199	380	7	TS程式交易全攻略	F275	430
4	計量技術操盤策略（上）	F201	300				

期　　貨

分類號	書　名	書號	定價	分類號	書　名	書號	定價
1	期貨交易策略	F012	260	9	期貨交易原理	F134	300
2	期貨場內交易花招	F040	350	10	高績效期貨操作	F141	580
3	成交量與未平倉量分析	F043	350	11	期貨初步	F147	400
4	股價指數期貨及選擇權	F050	350	12	征服日經225期貨及選擇權	F230	450
5	股票指數期貨交易實務	F068	320	13	期貨賽局（上）	F231	460
6	商品學習百科	F084	280	14	期貨賽局（下）	F232	520
7	期貨學習百科	F085	350	15	雷達導航期股技術（期貨篇）	F267	420
8	期貨自修課程	F123	300				

債　券　貨　幣

分類號	書　名	書號	定價	分類號	書　名	書號	定價
1	債券投資	F011	250	9	債券分析基本教練（下）	F114	350
2	歐洲貨幣的危機與轉機	F030	350	10	外匯市場與貨幣市場（上）	F115	460
3	外匯交易與風險管理（上）	F066	450	11	外匯市場與貨幣市場（下）	F116	460
4	外匯交易與風險管理（下）	F067	450	12	貨幣新秀歐元	F124	240
5	債券學習百科	F082	300	13	債券交易原理	F132	330
6	固定收益證券	F098	420	14	債券操作守則50	F153	350
7	貨幣市場&債券市場的運算	F101	520	15	賺遍全球：貨幣投資全攻略	F260	300
8	債券分析基本教練（上）	F113	320				

財　務　工　程

分類號	書　名	書號	定價	分類號	書　名	書號	定價
1	金融工程（中）	F034	300	8	可轉換債券：訂價與分析	F126	460
2	金融工程（下）	F035	450	9	衍生性金融產品：原理‐運用‐風險管理	F128	400
3	利率交換交易	F071	300	10	衍生性金融市場：期貨‐選擇權‐交換交易（上）	F129	540
4	股票交換交易	F072	180	11	固定收益商品	F226	850
5	交換交易與金融工程學	F074	250	12	信用性衍生性&結構性商品	F234	520
6	金融風險管理（上）	F121	550	13	可轉換套利交易策略	F238	520
7	金融風險管理（下）	F122	550	14	我如何成為華爾街計量金融家	F259	500

選　　　擇　　　權

分類號	書　名	書號	定價	分類號	書　名	書號	定價
1	選擇權答客問	F043	350	13	選擇權交易原理	F133	250
2	股價指數期貨及選擇權	F050	350	14	選擇權交易講座：高報酬／低壓力的交易方法	F136	380
3	股票選擇權入門	F063	250	15	選擇權訂價公式手冊	F142	400
4	選擇權學習百科	F083	340	16	選擇權初步	F148	320
5	選擇權投資策略（上）	F092	480	17	股價指數選擇權	F158	480
6	選擇權投資策略（中）	F093	480	18	交易，選擇權	F210	480
7	選擇權投資策略（下）	F094	480	19	股票選擇權價值觀	F212	300
8	選擇權：價格波動率與訂價理論（上）	F095	420	20	選擇權策略王	F217	330
9	選擇權：價格波動率與訂價理論（下）	F096	380	21	選擇權賣方交易策略	F228	480
10	技術分析＆選擇權策略	F097	380	22	征服日經225期貨及選擇權	F230	450
11	認購權證操作實務	F102	360	23	活用數學・交易選擇權	F246	600
12	選擇權自修課程	F120	460				

金　　融　　證　　照

分類號	書　名	書號	定價	分類號	書　名	書號	定價
1	FRM 金融風險管理	F223	1500	2	FRM 金融風險管理（第四版）	F269	1500

讀者回函卡

　　親愛的讀者，為了提升對您的服務品質，請填寫下列資料，以傳真方式將此資料傳回寰宇出版股份有限公司。就有機會得到本公司的贈品及不定期收到相關之新書書訊與活動訊息。

您的基本資料：

姓　　名：＿＿＿＿＿＿＿＿＿＿＿＿＿

聯絡電話：＿＿＿＿＿＿＿＿＿＿＿　手　機：＿＿＿＿＿＿＿＿＿＿

E - mail ：＿＿＿＿＿＿＿＿＿＿＿＿＿＿＿＿＿＿＿＿＿

您所購買的書名：＿＿＿＿＿＿＿＿＿＿＿＿＿＿＿＿＿＿＿＿＿

您在何處購買本書：＿＿＿＿＿＿＿＿＿＿＿＿＿＿＿＿＿＿＿＿

您從何處得知本書訊息：（可複選）

□ 本公司網站　　　□ ＿＿＿＿＿＿書店　　　□ ＿＿＿＿＿＿ 報紙

□ 本公司出版目錄　□ ＿＿＿＿＿＿老師推薦　□ ＿＿＿＿＿＿ 雜誌

□ 本公司書訊　（學校系所＿＿＿＿＿）　□ ＿＿＿＿＿＿ 電視媒體

□ ＿＿＿＿＿＿廣告 □ 親友推薦　　　　□ ＿＿＿＿＿＿ 廣播媒體

□ 其他

您對本書的評價：(請填代號 1.非常滿意 2.滿意 3.尚可 4.需改進)

內　　容：＿＿　理由：＿＿＿＿＿＿＿＿＿＿＿＿＿＿＿＿＿＿

版面編排：＿＿　理由：＿＿＿＿＿＿＿＿＿＿＿＿＿＿＿＿＿＿

封面設計：＿＿　理由：＿＿＿＿＿＿＿＿＿＿＿＿＿＿＿＿＿＿

譯　　筆：＿＿　理由：＿＿＿＿＿＿＿＿＿＿＿＿＿＿＿＿＿＿

您希望本公司出版何種類型的書籍？＿＿＿＿＿＿＿＿＿＿＿＿＿

＿＿＿＿＿＿＿＿＿＿＿＿＿＿＿＿＿＿＿＿＿＿＿＿＿＿＿＿＿

您對本公司的建議(含建議翻譯之書籍或推薦作者等)：＿＿＿＿＿

＿＿＿＿＿＿＿＿＿＿＿＿＿＿＿＿＿＿＿＿＿＿＿＿＿＿＿＿＿

＿＿＿＿＿＿＿＿＿＿＿＿＿＿＿＿＿＿＿＿＿＿＿＿＿＿＿＿＿

寰宇出版股份有限公司

地址：106臺北市大安區仁愛路四段109號13樓

電話：(02)27218138轉333或363　　　傳真：(02)27113270

E-mail：service@ipci.com.tw

國家圖書館出版品預行編目資料

華爾街傳奇：我的生存之道 / Nicolas Darvas著；魯樂中譯.
——初版. — 台北市：寰宇, 2008.1（民 97）
面； 公分.——（寰宇智慧投資：248）

譯自：Wall Street: The Other Las Vegas

ISBN 978-957-0477-75-7 （平裝）

1. 投資分析 2.股票投資

563.5   97000208

寰宇智慧投資 248

華爾街傳奇：我的生存之道

作　　者	Nicolas Darvas
譯　　者	魯樂中
主　　編	柴慧玲
美術設計	黃雲華
發 行 者	陳志鏗
出 版 者	寰宇出版股份有限公司
	臺北市仁愛路四段109號13樓
	TEL: (02) 2721-8138 FAX: (02)2711-3270
	E-mail：service@ ipci.com.tw
	http://www.ipci.com.tw
	劃撥帳號　1146743-9
登 記 證	局版台省字第3917號
定　　價	280元
出　　版	2008年1月　初版
	2009年10月初版三刷

ISBN 978-957-0477-75-7（平裝）

網路書店：博客來www.books.com.tw
華文網 www.book4u.com.tw

※ 本書如有缺頁、破損、裝訂錯誤，請寄回本公司更換。